Rosette Poletti
Barbara Dobbs

La résilience

Des mêmes auteurs
Accepter ce qui est, 2005
La compassion pour seul voyage, 2004
La voix du cœur (coffret), 2004
Prendre soin de soi pour prendre soin de l'autre, 2003
Des pensées pour grandir, 1993
Vivre son deuil et croître, 1993
Lâcher prise, Coll. Pratiques, 1998
L'estime de soi, Coll. Pratiques, 1998

Collection Pratiques Jouvence
Le dialogue intérieur au quotidien, Joy Manné, 2006
Vivre avec ses peurs, Chantal Calatayud, 2005
Plus jamais victime, Pierre Pradervand, 2001
Le bonheur, ça s'apprend, Pierre Pradervand, 2001
Bien vivre ici et maintenant,
O. Nunge et S. Mortera, 1998
Gérer ses émotions, O. Nunge et S. Mortera, 1998
Vivre au positif, Marie-France Muller, 1997
Croire en soi, Marie-France Muller, 1997

Catalogue gratuit sur simple demande
Éditions Jouvence
France : BP 90107 – 74161 St Julien-en-Genevois Cedex
Suisse : Case postale 184 –1233 Genève/Bernex
Site internet : **www.editions-jouvence.com**
Email : info@editions-jouvence.com

couverture : illustration, J.-C. Marol
maquette & mise en pages : atelier weidmann

© Copyright Editions Jouvence, 2001
ISBN 2-88353-251-6
ISBN 978-2-88353-251-9
Tous droits de traduction, reproduction
et adaptation réservés pour tous pays.

Sommaire

Préface de Pierre Pradervand 4

Introduction 7

Qu'est-ce que la résilience ? 9

Des histoires de résilience 15

Comment devient-on résilient ? 30

Favoriser la résilience chez l'enfant 38

La résilience en tant que comportement
qui peut être appris 44

La résilience chez l'adulte 52

La résilience chez la personne âgée 68

Ce qui favorise la résilience après
un évènement traumatique 73

La résilience et ses fluctuations 80

Conclusion 89

Bibliographie 93

Préface

Les deux principales caractéristiques de la bonne vulgarisation sont la clarté et la simplicité. Apprêtez-vous donc à aborder un excellent livre de vulgarisation dont la trame est tissée d'optimisme et d'espoir, qualités dont notre monde a un immense besoin, aujourd'hui plus que jamais.

On ne présente plus Rosette Poletti et Barbara Dobbs au public francophone, tant sont nombreux ceux et celles qui ont suivi leurs cours ou lu leurs ouvrages, dont ceux sur Le lâcher prise et L'estime de soi.

Vision profondément optimiste de l'être humain : s'inscrivant en faux contre la vision matérialiste et déterministe de l'homme, les deux auteurs montrent, exemples à l'appui, qu'il existe chez la plupart la possibilité de modifier profondément sa vie, de "réécrire ses "vieux" programmes". L'être humain possède en effet des ressources intérieures immenses. Et la résilience "cette capacité à protéger son intégrité sous de fortes pressions" constitue une capacité humaine fondamentale, selon les auteurs. "*Comprendre la résilience, écrivent-elles, c'est s'émerveiller davantage devant les ressources incroyables de l'être humain, c'est savoir avec certitude que la vie et l'amour peuvent être plus forts*".

Dans un monde qui semble par moments être devenu "fou" surtout depuis l'attaque du 11 septembre contre le World Trade Center de New York, il est important de réaliser que des millions de gens, très souvent d'extraction fort humble, font face à des passés et des destins "impossibles" avec un courage et une intelligence émotionnelle frisant l'héroïsme.

Une facette de ce livre que nous avons particulièrement appréciée est la modestie intellectuelle des auteurs. "*L'être humain est beaucoup plus complexe que toutes les théories qui cherchent à l'expliquer*", soulignent-elles. Elles évitent donc cette "standardisation" qui, si souvent dans la psychologie et les sciences sociales, cherchent à enfermer les êtres dans des catégories intellectuelles aussi arbitraires que détachées de la réalité. Chaque personne vit ses drames et ses blessures de façon unique et individuelle. Tant de variables peuvent intervenir, que ce soient les messages reçus, les circonstances particulières de la petite enfance, des attachements privilégiés qui se sont formés, la santé, la créativité, l'environnement physique, culturel, social, etc. Et, chez chaque résilient, l'interaction et les poids respectifs de ces facteurs jouera de façon différente !

La lectrice ou le lecteur apprécieront la démarche concrète de l'ouvrage qui se réfère sans cesse à des histoires personnelles, en général de personnes que les auteurs ont connues elles-mêmes. Une qui nous a particulièrement touché parce que nous avons pendant des années travaillé avec des enseignants, est l'histoire d'Anne-Lise, cette petite-fille dont la vie fut transformée quand elle a rencontré une institutrice qui lui a dit (entre autres messages positifs) qu'elle avait des yeux intelligents, alors que son milieu familial l'avait constamment rabaissée. On pense ici au passage des Quatre accords toltèques de Don Miguel Ruiz (également paru aux éditions Jouvence) où ce dernier développe le concept de parole impeccable. Chacun de nous devrait être conscient que quelques mots ou une phrase qui tombe à propos (ou a contrario qui est totalement contre-indiquée) peuvent littéralement changer le cours d'une vie.

Nos deux auteurs rejoignent dans leur non-déterminisme fondamental le pédopsychiatre Marcel Rufo, qui soutient que "tout se rejoue toujours". Contrairement aux déterministes de tout poil qui veulent nous couler dans des moules de béton dès la naissance (et même bien avant avec certains généticiens qui ne font rien moins que nier la liberté humaine), elles osent affirmer que "*Chaque être humain est né avec une capacité innée de résilience, car il existe en lui une tendance innée à la croissance et au développement*".

"*Personne n'est "cabossé" par la vie au point d'en être définitivement écrasé*", concluent Rosette Poletti et Barbara Dobbs. Quel superbe message d'espoir nous leur devons !

Pierre Pradervand
Auteur de : *"Découvrir les vraies richesses",*
"Vivre sa spiritualité au quotidien", "La vie simple",
"Le bonheur, ça s'apprend" et "Plus Jamais victime"

Introduction

> Lorsqu'une porte se ferme sur le bonheur, une autre s'ouvre. Souvent, nous regardons si longtemps la porte fermée que nous ne voyons pas la nouvelle porte qui s'est ouverte pour nous.
> HELEN KELLER.

Depuis plus de quarante ans, nous nous interrogeons sur ce qui fait que certains humains ont la capacité de surmonter les pires situations alors que d'autres restent pris dans les mailles du malheur qui s'est abattu sur eux comme un filet. Pourquoi certains individus sont-ils capables de se relever après les ouragans de la vie, et pourquoi d'autres restent-ils plaqués au sol, incapables de continuer leur chemin ?

Au cours des années et des expériences vécues, nous avons eu quelques explications théoriques :
1. la biologie souligne que le patrimoine génétique est différent pour chacun de nous et qu'il dote certains d'une énergie plus grande que d'autres ;
2. la psychologie décrit l'importance des relations qui se tissent autour du petit enfant et qui lui permettent de se créer en tant que personne capable ou non de faire face à l'adversité ;

3. la sociologie met en évidence l'influence du groupe, de la culture, des traditions familiales sur la capacité de l'être humain à traverser les crises de la vie;
4. la théologie apporte encore un autre éclairage sur la condition humaine et sur son évolution.

Cependant, c'est la rencontre au quotidien avec des personnes traversant des périodes sombres de leur vie qui nous a le plus interpellée. Qu'il s'agisse de personnes en deuil, en fin de vie, au chômage ou traversant le divorce, de malades du cancer ou d'autres affections graves physiques ou psychiques, qu'il s'agisse de personnes jeunes, adultes ou âgées, ayant subi des maltraitances, du mobbing ou des injustices de toutes sortes, notre travail nous a permis d'entrer en contact avec des êtres magnifiques, résilients, qui ont été capables de continuer à vivre une vie de qualité, de reconstruire sur les décombres, de pardonner et de donner du sens à leur existence.

C'est de ces personnes-là que nous aimerions vous parler et ce sont les conditions qui leur ont permis de devenir ces «résilients» que nous aimerions mettre en évidence, tout en sachant que l'être humain est beaucoup plus complexe que toutes les théories qui cherchent à l'expliquer.

Qu'est-ce que la résilience ?

> Un coup du sort est une blessure qui s'inscrit dans notre histoire, ce n'est pas un destin.
> BORIS CYRULNIK

Le terme résilience est connu depuis très longtemps dans le domaine de la physique. Le Petit Larousse le définit comme «la caractéristique mécanique qui définit la résistance aux chocs des matériaux». Il définit l'adjectif résilient de la manière suivante: «qui présente une résistance aux chocs». Depuis plus de vingt ans, les psychologues américains emploient aussi ce terme pour décrire un ensemble de qualités qui favorise un processus d'adaptation créative et de transformation, en dépit des risques et de l'adversité.

Aujourd'hui, en Europe francophone, le terme résilience est utilisé par les spécialistes des sciences sociales pour qui il signifie «la capacité à réussir, à vivre, à se développer positivement, de manière socialement acceptable, en dépit du stress ou d'une adversité qui comportent normalement le risque grave d'une issue négative» (S. Vanistendael).

Pour nous, c'est la découverte en 1986 des recherches du Dr Julius Segal à propos des personnes ayant survécu à des situations impossibles qui nous a incitées à nous intéresser au phénomène de la résilience. Côtoyant presque quotidiennement des personnes en deuil, en crise ou en fin de vie, les travaux du Dr Segal nous ont permis de comprendre ce qui peut favoriser la résilience et de développer des formations visant à promouvoir son émergence.

Récemment, deux ouvrages de Boris Cyrulnik: «Un merveilleux malheur» et «Les vilains petits canards» (éd. Odile Jacob) ont mis en évidence, entre autres, les facteurs de résilience chez les petits enfants. Un autre auteur, Stefan Vanistendael, dans son ouvrage «Le bonheur est toujours possible» analyse les caractéristiques qui permettent la résilience chez les enfants qui vivent dans des situations extrêmes, tels qu'enfants de la rue au Brésil ou enfants esclaves des fabricants de tapis en Inde.

Pour Vanistendael, le concept de résilience est plus riche et plus complet que celui de «capacité de surmonter». Il est composé de deux dimensions:

1. la résistance à la destruction, la capacité de protéger son intégrité sous de fortes pressions;

2. la capacité de se construire, de créer une vie digne d'être vécue en dépit des circonstances adverses.

Citant Friedrich Loesel, un chercheur et auteur dans le domaine de la résilience, Vanistendael décrit aussi les différents aspects suivants:

1. La résilience peut se manifester dans les situations où existe un risque important dû à une accumulation de facteurs de stress et de tensions.

L'histoire de Tim Guénard racontée dans son ouvrage «Plus fort que la haine» (éd. J'ai lu) illustre ce type de résilience. Abandonné par sa mère, battu presque à mort par son père, il devient à cinq ans un enfant de l'Assistance publique. De familles d'accueil en maisons de correction, il apprend la violence et la haine. Mais Tim est un résilient. Quarante ans plus tard, il est apiculteur, marié, père de famille, et il accueille dans sa ferme des personnes en difficultés afin de les aider à reprendre pied dans la vie.

2. La résilience peut se manifester aussi lorsque la personne est capable de conserver des aptitudes dans le danger et de poursuivre une croissance harmonieuse.

Il existe de nombreux récits d'enfants qui, comme Anne Frank par exemple, ont su continuer leur vie. Dans son ouvrage «Une petite fille privilégiée: une enfant dans le monde des camps», France Christophe écrit: «Mes épaules s'amenuisent, mais je maintiens mon dos droit. Forte de ce que maman m'a dit le jour où je portais mon étoile pour la première fois, je ne courberai pas l'échine. Ça peut briller si gentiment une étoile, la mienne est de plomb.».

3. Finalement, la résilience peut apparaître lorsqu'il y a guérison d'un ou de plusieurs traumatismes et réussite par la suite.

L'ouvrage de Myriam Cardinaux «Une petite fille en trop» (éd. d'En Bas) est le bouleversant témoignage d'une enfance vécue dans la haine, le mépris, la maltraitance, dans un contexte de violence physique et psychique inimaginable.

Aujourd'hui Myriam est mère de famille et elle accueille avec son mari des enfants en souffrance pour des séjours temporaires.

La résilience, une raison d'espérer

Réussir à s'en sortir, déjouer les coups du sort, cela ne se fait pas facilement. Il serait erroné de croire que tous ces traumatismes vécus peuvent s'effacer comme un mauvais dessin sur un tableau noir.

Myriam Cardinaux écrit: «J'ai eu des passes très difficiles que je n'ai pu surmonter une à une comme on saute une série de haies dans une course que grâce à l'aide de mon psychiatre et plus encore à celle de mon médecin généraliste» p. 305.

Il y a un prix à payer pour être résilient et en même temps il existe des possibilités de se sortir des situations les plus tragiques. Les résilients sont blessés, mais ils ont les compétences nécessaires pour guérir la blessure, pour la cicatriser. Cependant tout au long de leur vie, cette cicatrice témoignera de leur lutte et de leur victoire. Certains jours, les difficultés de la vie irriteront le tissu de cette cicatrice psychique comme peut le faire un vêtement trop serré sur une cicatrice physique. D'autres fois, les résilients pourront utiliser l'expérience acquise pour mieux comprendre d'autres blessés de la vie et compatir avec eux.

Le concept de résilience permet à chacun de savoir qu'il est possible de «vivre debout» comme l'écrit si bien Martin Gray. Il permet aux professionnels de l'éducation, de l'aide, de la santé, de la justice d'envisager autrement l'évolution de leurs élèves, de leurs patients, de leurs clients.

On peut avoir été maltraité, violenté, humilié en tant qu'enfant par des parents ou des gardiens inadéquats et devenir un père ou une mère aimant, on peut avoir traversé des situations infernales et vivre une vie épanouie.

On peut se demander pourquoi on a si peu parlé de ces êtres résilients jusqu'aux années 80. Il y a plusieurs raisons possibles, par exemple que ces enfants, ces personnes n'ont pas eu à être «pris en charge» par les services sociaux, les systèmes de santé ou de justice. Ils ont vécu leur vie de manière indépendante et souvent positive, ils ont manifesté de la créativité, de l'intelligence, de la persévérance et de la compassion.

La fréquence des situations de résilience prouve qu'il est possible de s'en sortir, que même au cœur de l'adversité, il existe des possibilités de modifier sa vie, de «casser» les tragédies transgénérationnelles en changeant les éléments du scénario prescrit par le milieu.

L'être humain possède des ressources incroyables, et c'est de ces ressources qu'il faut surtout s'occuper.

Le concept de résilience permet de regarder autrement ceux qui vivent des tragédies et ceux qui partent dans la vie avec une enfance meurtrie, de les soutenir avec intelligence, humilité et compassion en se souvenant de ce qu'écrit Martin Gray qui a lui-même connu deux fois des épreuves incroyables : « Sois confiant, ce n'est pas la mort qui gagne ».

Des histoires de résilience

> Avec tout ce qui vous est arrivé dans votre vie, vous pouvez pleurer sur votre sort ou percevoir ce qui vous est arrivé comme une occasion favorable.
> Tout ce qui advient peut être perçu soit comme une possibilité de croissance, soit comme un obstacle à votre développement. En définitive, c'est vous qui choisissez et personne d'autre.
> WAYNE DYER.

Les histoires de résilience sont aussi nombreuses que différentes. Les circonstances vécues se situent dans des lieux différents, à des moments différents de la vie. Elles participent d'une grande crise partagée par tout un peuple, comme une guerre, ou au contraire elles se vivent dans la solitude et la peur lorsqu'elles touchent des enfants maltraités.

Pour bien comprendre les situations vécues par des personnes résilientes, nous vous invitons à faire la connaissance de quelques unes d'entre elles.

Paola

Paola est née il y a bientôt 75 ans. Aujourd'hui, elle est à la retraite.

De son enfance, elle a peu de souvenirs précis. Elle a vécu dans un orphelinat où la discipline était très dure et où les châtiments corporels étaient fréquents. Paola avait une constitution robuste et beaucoup de facilité à l'école. Très tôt, elle est mandatée pour aider les autres orphelins à faire leurs devoirs, et elle a beaucoup de plaisir à accomplir cette tâche. Elle aime l'école, même si les autres enfants la regardent avec mépris, elle qui vient de l'orphelinat.

Les responsables de cette institution « d'accueil » pour enfants sont très religieux. Les versets bibliques sont « assénés » aux enfants à tout propos : « tu ne voleras pas, tu n'invoqueras pas le nom de Dieu en vain, qui aime bien châtie bien, le salaire du péché c'est la mort ». Le Dieu présenté aux orphelins est un Dieu de colère dont il faut avoir peur.

Paola, qui va tous les dimanches au culte à l'église du village, en colonne par deux, se pose quelques questions sur ce Dieu que le pasteur décrit autrement que le directeur de l'orphelinat. Il est aussi, semble-t-il, un Dieu d'amour, mais alors pourquoi est-il différent dans l'institution dans laquelle elle vit ?

Un jour, alors qu'elle s'était mal comportée aux yeux de l'épouse du directeur de l'orphelinat, celle-ci lui avait fait remarquer qu'elle, Paola, était le fruit du péché de la chair commis par sa mère qui avait dû l'abandonner car elle ne pouvait subvenir à ses besoins.

Cette phrase avait beaucoup troublé Paola et pour très longtemps.

Vers 14 ans, un événement particulier s'était produit : le pasteur avait sollicité du directeur de l'orphelinat la permission pour Paola de faire partie de la chorale de l'église, étant donné sa très belle voix.

A partir de ce moment-là, Paola avait connu le bonheur ; tout d'abord parce que le chant lui permettait de s'exprimer, de créer des sons que toute la chorale appréciait mais aussi parce que les membres de la chorale ainsi que les paroissiens la regardaient d'une autre manière : avec admiration.

A 16 ans, Paola fut placée dans une famille en Suisse Allemande. Là de nouveau, elle s'engagea dans la chorale de l'église. Revenue en Romandie, elle fit un apprentissage de commerce et commença à travailler et à prendre des responsabilités.

Un jour, cependant, elle sentit que sa vocation était ailleurs. Après de longues recherches et hésitations, elle posa sa candidature dans une institution de diaconesses (religieuses protestantes), fut acceptée et prononça ses vœux quelques années plus tard.

C'est en tant que diaconesse infirmière assumant d'importantes responsabilités qu'elle vécut toute sa vie d'adulte.

Paola terminait son récit : « Je suis peut-être née du péché, mais ce fruit du péché a finalement été bien utile à la société. »

Myriam

Myriam Cardinaux, avec l'aide d'Anne-Lise Grobéty, écrivaine, nous conte son histoire dans un ouvrage qu'elles ont co-signé: *Une petit fille en trop* (éd. d'En Bas).

Ce qui frappe dans ce récit, c'est l'intensité du rejet de cette enfant par sa mère, rejet qui commence à la naissance puisque sa mère aurait dit: «Une fille? … Non, je ne veux pas d'une fille. Pourquoi on m'a fait ça? …».

Myriam, à travers ce livre, ose faire face à ses souvenirs et surtout ose *dire*, «car il y a des familles où l'on souffre plus que dans les camps de la mort», écrit Cyrulnik, et le livre de Myriam Cardinaux le confirme bien.

Son enfance est une longue suite d'humiliations: sa mère l'appelle la pisseuse, et lorsqu'elle mouille sa culotte, sa mère exige qu'elle la retire, la lui frotte sur le visage avant d'exiger qu'elle la remette. Elle ne mange pas à sa faim, doit accomplir jusqu'à l'école un long trajet à la limite de ses forces, car sa mère ne lui donne pas de petit déjeuner et lui interdit de prendre le bus. Elle est battue, sa vie est mise en danger par sa mère qui tente probablement de la tuer à plusieurs reprises. Malgré tout, Myriam s'accroche à la vie.

Elle est hospitalisée pour de longs mois et n'ose parler à personne de son calvaire. Cependant, dans cet hôpital elle découvre que l'amour existe. On lui offre de l'affection, elle reçoit de la tendresse des infirmières et des autres malades. Mais le jour où sa mère vient la rechercher pour la ramener à la maison, elle lui dit:

«Tu aurais mieux fait de crever, car comme ça on aurait été débarrassé de toi, sale môme!».

Plus tard, elle doit aller en sanatorium. Là, elle apprend à rire, à s'amuser. «Bref, je commençais à être née…» écrit-elle.

Le retour à la maison est aussi difficile que la première fois, «mais», écrit Myriam, «il y avait quelque chose en moi qui continuait à résister face à l'humiliation, à la honte d'être une enfant mal aimée, pire, une enfant battue. Je comptais de toutes mes forces sur l'école pour me sortir de là: je réussirais, je leur montrerais!».

Myriam a une grand-mère qu'elle aime. «Chez elle je revivais!».

C'est la naissance d'un petit frère qui l'aide encore à mieux vivre. «François me donnait envie de ne pas me résigner. Il me donnait envie de me battre de toutes mes forces contre ce qui cherchait à m'abattre.».

Malgré ses capacités, Myriam ne pourra pas faire d'études, sa mère la place chez des maraîchers où elle est exploitée.

Heureusement, l'histoire évolue positivement lorsque Myriam rencontre son mari qui l'accepte, l'apprivoise, la comprend. Elle met au monde deux filles. L'une d'elles réalisera le rêve de sa mère: devenir infirmière.

Ce qui frappe tout au long du récit de Myriam Cardinaux, c'est le poids du silence imposé, le poids du secret. Il faut inventer des explications aux marques de coups, devenir complice de son bourreau, par peur ou plutôt par terreur.

Un autre élément étonnant est le manque de courage des voisins, des enseignants, du reste de la famille, surtout du père.

Myriam met aussi en évidence comment, pour elle, le temps n'efface rien en profondeur, et combien la parole enfin libérée à travers son livre est bienfaisante.

Etienne

Etienne, avec ses deux frères, a été placé dans une famille d'accueil à l'âge de 10 ans pour cause de graves négligences de la mère et de mauvais traitements de la part du père. Le droit de garde a été retiré à ses parents.

Il se souvient peu de son enfance, si ce n'est d'une peur terrible qui le tenaillait. car rien n'était sûr autour de lui. Selon les jours, sa mère pouvait être souriante et gaie ou alors, sans raison apparente, elle criait, frappait ou pire encore s'en allait, laissant ses petits enfants seuls.

Etienne eut beaucoup de peine à s'adapter à sa famille d'accueil, tout lui paraissait rigide, trop réglé. Il avait envie de liberté, d'espace, lui qui avait pris la responsabilité de ses petits frères dès qu'il avait pu comprendre ce qui arrivait.

Heureusement ses parents d'accueil, aidés par les structures de l'aide à l'enfance, eurent la patience, l'intelligence et l'amour nécessaires pour le soutenir, l'encadrer, le valoriser.

Dans les cours de judo qu'il prenait, il excellait et devint champion junior.

Peu loquace, Etienne dessinait, dessinait et dessinait. Partout, dès qu'il y avait une feuille de papier et un crayon, il mettait sur papier les personnages qui hantaient sa mémoire, dont un ami de sa mère qui aurait, paraît-il, abusé sexuellement de lui.

De fil en aiguille, ou plutôt de coup de crayon en coup de crayon, Etienne a développé la passion du dessin. Il a réussi malgré de nombreuses difficultés à entrer dans une école d'art et à obtenir son diplôme. Il n'a pas toujours du travail, mais il arrondit ses fins de mois en vendant les tableaux qu'il peint.

Etienne s'occupe beaucoup de ses deux frères, il leur donne l'attention et l'affection dont ils ont tellement besoin.

Le problème qui lui reste est la relation ou plutôt l'absence de relation avec ses parents. Son père est très malade et sa mère a voulu reprendre contact avec lui mais il a rejeté fermement cette offre.

L'histoire de sa vie d'adulte est loin d'être terminée, il reste de nombreux problèmes à régler.

Malgré tout Etienne a pu s'en sortir, il a pu créer, s'occuper des autres, construire sa vie. Ses frères et lui-même restent en contact avec leurs parents d'accueil avec qui ils ont des relations très cordiales.

Marcelline

Marcelline est née en 1945. Aujourd'hui, elle est l'heureuse grand-mère de six petits-enfants. Elle vit seule, car elle est veuve, et chaque jour elle apprécie son bonheur, dit-elle.

Il est vrai que la vie de Marcelline n'a pas été un long fleuve tranquille. Elle est née dans un village de montagne, de parents très simples, qui eux-mêmes avaient la vie dure.

Elle a eu cinq petits frères et sœurs, mais à la suite du sixième accouchement, la mère de Marcelline a manifesté les symptômes d'une psychose maniaco-dépressive qui n'a été diagnostiquée que plusieurs années plus tard. Ainsi, durant de nombreuses années, Marcelline a été en première ligne face aux crises de sa mère qui passait d'états dépressifs graves à une agitation extrême. Le père ne savait pas comment faire face. Lorsque sa femme était déprimée, il disait qu'elle montrait de la mauvaise volonté, et il lui arrivait de l'insulter devant les enfants. Lorsqu'au contraire elle était excitée, il fuyait la maison et passait son temps dans les cafés de la vallée. Lorsqu'il rentrait « cela faisait des étincelles », raconte Marcelline.

Cependant, celle-ci était devenue experte dans l'anticipation des crises de sa mère. Elle pouvait « sentir » les modifications d'humeur avant même qu'elles ne se produisent. Cette capacité lui permettait de mettre ses frères et sœurs au courant, et chacun adoptait la meilleure attitude possible afin de ne pas « énerver maman ».

Jusqu'à sa seizième année, la vie de Marcelline n'a été que responsabilités, craintes, travail, accompagnement de ses frères et sœurs et soutien de sa mère. Son père ne lui apportait aucune aide, il avait choisi l'alcool comme moyen de fuir la situation.

A plusieurs reprises, la mère fut hospitalisée en psychiatrie. Cette année-là, le père mourut un soir d'hiver : alors qu'il rentrait ivre à vélo, il fit une chute dont il ne put se relever, et on le trouva le lendemain mort au bord de la route.

Les autorités du village décidèrent alors de placer les enfants dans des familles d'accueil. Marcelline fut envoyée dans un institut ménager en Suisse Allemande où elle apprit à devenir une bonne ménagère et où elle apprit aussi la langue de Goethe.

A son retour, Marcelline fut acceptée dans une école d'aides familiales, et dès lors elle travailla pour un service social de sa région et continue à le faire aujourd'hui.

Son expérience familiale lui a « énormément servi », comme elle dit. Les familles éprouvées, elle sait ce que c'est, les soins aux enfants, le ménage, le jardin, elle connaît. Ce qui frappe encore aujourd'hui chez elle, c'est sa tolérance, sa capacité d'accepter les personnes les plus marginales, d'entrer dans les familles les plus démunies, de soutenir et d'aider sans rien imposer, sans donner ni ordres ni conseils.

Dans son cadre professionnel, Marcelline est très appréciée. On lui confie les situations les plus complexes, la mise au courant des personnes nouvellement engagées ainsi que les étudiants en stage.

Chacun se plaît à reconnaître qu'avec elle « on se sent en sécurité, elle sait toujours quoi faire et comment s'y prendre ».

D'ici quelques années, Marcelline prendra sa retraite pour devenir, selon son vœu, grand-mère à plein temps.

Elle enseignera, espérons-le, à ses petits-enfants comment on peut devenir résilient dans les difficultés, et elle continuera à être pour eux le modèle d'une vie épanouie.

Sophie

Sophie a été adoptée à la naissance. Ce n'est qu'à l'âge de 12 ans qu'elle a appris qu'elle n'était pas la fille biologique de ses parents. Le coup a été terrible. Elle en voulait au monde entier : à ses parents adoptifs, à ses géniteurs, aux autres enfants de l'école et du voisinage, à ses frères et sœurs. Son début d'adolescence s'est mal passé, elle s'est renfermée, est devenue agressive. Heureusement, comme elle avait toujours aimé l'école et bien réussi dans ce domaine, ses résultats sont restés bons. Cahin-caha, elle a obtenu son baccalauréat dans une grande ville française. Comme elle avait envie de travailler dans le domaine de la santé, elle s'inscrit à l'école d'infirmières. C'est au cours de ces études qu'elle tente de retrouver ses origines. Qui donc étaient ses parents ? Après de nombreuses démarches, elle obtint l'information suivante : « Enfant de sexe féminin, trouvée vers six heures trente du matin par un agent hospitalier du grand hôpital de la ville près de la porte d'entrée de cette institution. L'enfant était en bonne santé, avait trois ou quatre jours, était bien enveloppée, portait une chemisette brodée et au cou une petite chaîne avec une médaille de la Vierge Marie. ». C'était bien peu, et c'était suffisant pour Sophie. Elle décida ce jour-là de cesser sa quête éperdue de racines et de se consacrer à la profession qu'elle avait choisie.

Elle se dit qu'en fait elle avait probablement de la chance, car elle pouvait construire l'histoire de ses parents biologiques selon ses désirs. Elle décida donc que sa mère biologique devait être une bretonne très croyante qui servait dans une grande famille bourgeoise. Elle était très belle et avait été courtisée par le fils de la famille. Elle-même était née de cet amour impossible. Elle avait donc hérité l'intelligence de son père, la santé et la beauté de sa mère, et ainsi dotée, elle avait tout ce qui était nécessaire pour vivre une vie de qualité.

Lorsque nous avons rencontré Sophie, elle était infirmière générale dans un grand hôpital.

Après son école d'infirmières, elle avait fait l'école des cadres puis l'École nationale des cadres de la santé à Rennes. Elle était une heureuse célibataire et entretenait des rapports étroits avec sa famille adoptive. Elle semblait comblée et frappait par son optimisme et sa force de caractère.

Gérald

Il arrive que l'épreuve qui frappe un enfant soit de nature physique avant tout. C'est le cas de Gérald Métroz qui a eu les jambes coupées par un train à l'âge de 2 ans. Son histoire fait l'objet d'un ouvrage écrit par Jacques Briod sous le titre *Soudain un train* paru aux éditions Autrement en 2001.

Gérald y décrit sa vie de petit enfant sans jambes, les moyens qu'il a trouvés pour s'en sortir, pour vivre comme les autres. Il écrit: «L'idée d'être mis à l'écart à cause de mon handicap me paniquait, j'avais une vraie hantise d'être séparé du groupe. ».

Petit à petit, Gérald se passionne pour le sport, il pratique tous ceux que lui permet son infirmité. Il tombe « amoureux », comme il dit, du hockey. C'est au bout de ses prothèses qu'à 9 ans il met ses premiers patins à glace. Il devient progressivement gardien de but malgré la difficulté que représente le fait de se relever sur ses prothèses lorsqu'il tombe, et il continue jusqu'à l'âge de 16 ans avec d'intenses efforts mais aussi avec le soutien inconditionnel de son entraîneur.

L'humour permet à Gérald d'accepter la dépendance partielle qu'impose son handicap. Son désir d'être « comme les autres » le pousse à briller dans ses études, il entre à l'université de Genève puis se forme comme journaliste et finalement part pour le Canada où il se spécialise en hockey. C'est là aussi qu'il décide de se passer de ses prothèses et d'accepter de vivre en fauteuil roulant, d'accepter d'être qui il est sans craindre qu'on le découvre alors qu'il tente de cacher ses prothèses.

Depuis ce temps-là, Gérald est devenu un agent sportif très coté. Il a réussi dans la vie en dépit de ses débuts difficiles.

Samuel

Samuel est un homme âgé aujourd'hui, et c'est avec émotion qu'il se souvient de son enfance. Arrivant après trois enfants mort-nés, il fait la joie de ses parents qui tiennent un petit commerce dans le village.

Sa naissance est suivie de celles de deux frères et d'une sœur. Un enfant chaque année. La vie est dure, le petit commerce ne permet pas de nourrir toutes ces bouches malgré l'intelligence et la persévérance de sa mère. Son père n'est pas un homme très entreprenant. Samuel aide sa mère tant qu'il peut mais il n'est qu'un enfant. Dès qu'il a 10 ans, il faut le placer chez des paysans. C'est la vie rude qui commence. Levé à l'aube, il faut soigner les bêtes avant de partir pour l'école, et dès que la cloche sonne la fin des cours, il faut revenir en courant pour aider à la ferme. Faire les devoirs est un problème, la fatigue aidant, et il y a bien peu de temps pour cela. Alors Samuel imagine un moyen pour fixer son livre sur le flan de la vache pendant qu'il la trait et réussit ainsi à apprendre ses leçons à la lumière de l'étable. Il n'a pas de congé, il faut traire les vaches semaine comme dimanche. Comme il s'ennuie énormément de sa mère, il décide un dimanche de courir jusqu'au village où habitent ses parents et qui, à vol d'oiseau, se trouve à seize kilomètres au moins. Arrivé chez sa mère, il n'a que le temps d'une longue étreinte avant de prendre le chemin du retour, et c'est avec des insultes qu'il est accueilli parce qu'il a dix minutes de retard.

Ce qui est difficile pour lui, c'est le traitement différent qui est le sien par rapport aux enfants de la famille. Ils ont du temps pour faire leurs devoirs, eux ! Ils peuvent jouer et n'ont pas à travailler quatorze heures par jour !

Mais Samuel est soutenu par le maître d'école. Celui-ci comprend que l'enfant ne dispose pas de temps suffisant pour bien apprendre l'orthographe. Il le pousse dans toutes les autres matières où il excelle, comme l'arithmétique et les rédactions, et souvent, il lit à haute voix devant toute la classe les rédactions de Samuel en le félicitant pour sa créativité.

A 16 ans, Samuel peut entrer en apprentissage dans le chef-lieu de son district. Brillant apprenti il fera une maîtrise fédérale puis d'autres cours supérieurs. Il sera pendant plus de vingt ans directeur d'un grand service officiel et assumera de multiples autres mandats. Le souci de la justice, le respect et la compassion pour les autres seront parmi ses caractéristiques marquantes.

■

La résilience n'a pas toujours un caractère héroïque ou extraordinaire. Elle se manifeste au quotidien dans de multiples circonstances. Elle est beaucoup plus fréquente qu'on ne l'imagine. Des chercheurs participant à des études longitudinales qui suivent des enfants nés dans des situations à haut risque telles que pauvreté extrême, guerre, alcoolisme ou maladie mentale des parents, maltraitances physiques et sexuelles, ont mis en évidence que contrairement à ce que l'on pouvait attendre 50 à 70 % de ces enfants sont devenus des adultes compétents, confiants et compatissants.

Il se peut que parmi ceux et celles qui liront ces lignes, de nombreuses personnes reconnaissent leur résilience alors qu'elles ne l'avaient jamais identifiée.

La résilience est une capacité humaine fondamentale. Tous les individus ont le pouvoir de se transformer et de transformer leur réalité à condition de trouver en eux et autour d'eux les éléments qui leur permettent de créer cette capacité de résilience.

Quels sont ces éléments, ces conditions que l'on retrouve dans toutes les histoires qui précédent ? C'est ce que nous allons voir maintenant.

Comment devient-on résilient ?

> Je constate comme une évidence qu'il n'y a pas de souffrance plus grande que celle que chacun vit.
> TIM GUÉNARD, *Plus fort que la haine.*

Devenir résilient, c'est parcourir un long chemin. Boris Cyrulnik voit trois grands aspects de ce parcours :

1. L'acquisition de ressources internes qui se développent dès les premiers mois de la vie.
2. Le type d'agression, de blessure, de manque et surtout la signification de cette blessure dans le contexte de l'enfant.
3. Les rencontres, les possibilités de parole et d'action.

En résumé, la résilience se crée en fonction du tempérament de la personne, de la signification culturelle de sa blessure et du type de soutien social dont elle dispose.

D'autres chercheurs qui travaillent depuis très longtemps sur le phénomène de la résilience, comme

Stefan Vanistendael, postulent que les facteurs de résilience sont nombreux et qu'ils reposent sur des éléments tels que:
1. Des réseaux d'aide sociale et, au cœur de ces réseaux, l'acceptation inconditionnelle de l'enfant en tant que personne.
2. La capacité de trouver un sens à la vie, aspect lié à la vie spirituelle et à la religion.
3. Des aptitudes et le sentiment de maîtriser (au moins un peu!) sa vie.
4. L'amour propre.
5. Le sens du l'humour.

Pour cet auteur, le phénomène de la résilience n'est ni absolu, ni stable. Il doit donc être encouragé sans cesse.

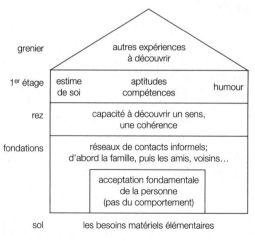

«Casita»: la construction de la résilience

Dans un Cahier du Bureau international catholique de l'enfance : « La résilience ou le réalisme de l'espérance », Stefan Vanistendael propose un schéma de la construction de la résilience qu'il nomme la « casita » (petite maison). Ce schéma peut servir de base de travail pour les professionnels et pour toute personne concernée en suggérant des domaines d'intervention dans la construction de la résilience.

Steven et Sybil Wolin, des chercheurs américains qui travaillent depuis quinze ans sur le phénomène de la résilience parlent plutôt de résiliences au pluriel pour décrire des ensembles de ressources ou de forces à l'intérieur d'une personne. Au cours de leurs expériences et de leurs travaux, ils ont identifié sept résiliences qui se développent différemment chez différents enfants, adolescents et adultes et qui prennent des formes variées.

Les Wolin ont construit un mandala des résiliences qu'ils ont offert au monde sur Internet afin que toute personne intéressée puisse plus facilement se souvenir des sept aspects fondamentaux de la résilience.

Ces sept éléments sont les suivants :

1. La prise de conscience qui est la capacité à identifier les problèmes, leurs sources, et à chercher des solutions pour soi-même et pour les autres, tout en étant sensible aux signaux donnés par l'entourage.

2. L'indépendance qui est basée sur la capacité d'établir des limites entre soi-même et les personnes proches, de se distancer de ceux qui nous manipulent et de rompre les relations de mauvaise qualité.

3. Le développement de relations satisfaisantes avec les autres, la capacité de choisir des partenaires en bonne santé mentale.

4. L'initiative qui permet de se maîtriser et de maîtriser son environnement en trouvant du plaisir à des activités constructives.

5. La créativité qui permet de penser autrement que les autres et de trouver refuge dans un monde imaginaire, qui permet aussi d'oublier la souffrance intérieure et d'exprimer positivement ses émotions.

6. L'humour dont le but est de diminuer la tension intérieure et de déceler le comique au cœur de la tragédie.

7. L'éthique qui guide l'action parce que l'on sait ce qui est bien et ce qui est mal et qu'on accepte de prendre le risque de vivre sur la base de ces valeurs. L'éthique permet aussi de développer l'entraide et la compassion.

Pour les Wolin, connaître ces sept résiliences peut être utile aux enseignants, aux psychologues, aux assistants sociaux et aux professionnels de la santé. Ces résiliences peuvent les aider à voir où se trouvent les forces et les ressources dans les histoires d'enfants et d'adolescents submergés par les problèmes et affrontant des obstacles qui peuvent sembler insurmontables à première vue.

Le schéma des Wolin ne souligne peut-être pas assez la dimension de l'attachement de l'enfant à ses proches. Pour Cyrulnik, un enfant qui a pu vivre un attachement de bonne qualité possède un meilleur pronostic de développement et une meilleure résilience en cas de malheur puisqu'il aura déjà acquis une manière positive d'entrer en contact avec les adultes et de voir en eux une base de sécurité. Pour Cyrulnik encore, à chaque étape du développement, les processus de résilience sont à renégocier. Les traumatismes, les blessures imposées à l'enfant dans des situations à risques dépendent aussi des représentations de ces traumatismes : un enfant qui perd son père à la guerre et dont la décoration, qui lui a été accordée à titre posthume, trône sur la cheminée du salon, vivra différemment son deuil que celui dont le père s'est pendu en prison où il était détenu pour brigandage.

Le discours social, ce qui se raconte autour des circonstances que vit l'enfant a une énorme importance et soutiendra ou inhibera les manifestations de résilience.

Lorsqu'un événement doit être tu, qu'il ne peut pas être raconté, il peut être ressenti comme un corps étranger qui finit par inhiber le développement sain de l'enfant. Mado, par exemple, avait subi l'inceste par son père régulièrement pendant quatre ans. Son père lui avait dit qu'il mourrait si elle en parlait à qui que ce soit. A plusieurs reprises, Mado avait voulu partager ce secret avec quelqu'un, mais au dernier moment, elle se taisait. Elle se repliait sur elle-même, ses résultats scolaires étaient insuffisants, et ce n'est qu'au dernier stade de son anorexie qu'elle finit par parler lors d'une hospitalisation. Ce qu'elle ne pouvait dire, elle le vomissait, elle privait son corps des apports alimentaires minimum pour tenter d'échapper à ces séances qui la répugnaient. Lorsqu'elle a pu dire, mettre des mots sur ce qu'elle endurait, écrire le récit de ses épreuves, Mado a pu reprendre le cours de sa vie, se reconstruire et se guérir.

Ainsi, il est important de noter que chaque personne vit ses drames et ses blessures de manière unique et individuelle. Il est exclu de faire une description standardisée des conséquences, sur un enfant, de tel ou tel traumatisme. La manière dont il s'en sortira ou ne s'en sortira pas dépend de son patrimoine génétique, des circonstances de sa petite enfance, des messages qu'il a reçus, des attachements qu'il a pu créer et de la sécurité qu'il a ressentie dans ses attachements, de sa manière d'entrer en contact avec les adultes, de sa santé physique et de son apparence, de son intelligence et de sa créativité, mais aussi de l'environnement dans lequel il se trouve, de la présence ou de l'absence de personnes saines dans son entourage, des circonstances politiques, religieuses, sociales et culturelles dans lesquelles il évolue.

Quels sont les facteurs de résilience présents dans les histoires présentées au chapitre 2 ?

Ce qui frappe dans histoire de *Paola*, c'est sa santé physique et ses compétences scolaires, sa capacité d'aider les autres enfants. Ensuite, la musique lui permet de s'exprimer, de susciter l'admiration des autres, et finalement sa vocation lui donne une place dans la société et une bonne estime d'elle-même.

Chez *Myriam*, il y a un optimisme incroyable, un désir très fort de vivre. La rencontre avec les infirmières qui la soignent lui donne de l'espoir et lui permet de voir sa situation avec d'autres yeux. Il y a aussi le désir d'y arriver, de leur montrer ! Puis la responsabilité du petit frère qu'elle veut aider.

Dans l'histoire d'*Etienne*, le sport dans lequel il trouve de quoi se valoriser a une grande importance. Puis l'art qui permet au jeune garçon de s'exprimer alors qu'il a de la difficulté à le faire verbalement.

Marcelline a probablement reçu un bagage génétique de bonne qualité. Elle a pu vivre un attachement sain avec son père et sa mère avant que celle-ci ne tombe malade. Elle a eu un rôle extraordinaire dans sa famille. Elle protégeait ses petits frères et sœurs et les aidait à vivre. A l'école, malgré le peu de temps dont elle disposait, elle était bonne élève. Grâce à tout cela, son estime d'elle-même était excellente.

Chez *Sophie*, c'est à nouveau les bons résultats scolaires qui favorisent son estime d'elle-même et l'empêchent de dériver. Bien sûr, il y a aussi l'ouverture, la patience et le soutien de sa famille d'adoption. La créativité et la clarté d'esprit soutiennent sa vie, et sa réussite sociale lui permet d'intégrer son passé et d'en faire quelque chose de positif.

Chez *Gérald*, il y a incontestablement la qualité de la relation qu'il a avec ses parents, ses frères et sœurs et tout le village. Il y a aussi le soutien ferme de son père qui lui répète qu'il est comme tout le monde même sans jambes, et qu'il peut réussir. Son amour du sport, des défis, et son humour lui permettent de trouver sa place et de dépasser sa différence, de la métamorphoser en une aventure positive.

Pour *Samuel*, l'amour de sa mère est un fil rouge qui lui permet de tenir le coup, de supporter l'injustice, l'âpreté de la vie. Il sait qu'il peut, il reçoit aussi le soutien de son instituteur qui valorise ses ressources et lui permet de se situer positivement face aux autres enfants du village, lui, le petit enfant placé. C'est aussi son éthique, sa foi qui se manifestent par l'aide qu'il apporte à tous ceux qui l'entourent, qui lui permettent de se sentir bien et à sa place dans la vie qu'il crée pour lui-même.

Favoriser la résilience chez l'enfant

> La vérité, c'est que la jeunesse ne peut pas être sauvée par des bureaucrates derrière des bureaux.
> Elle peut être sauvée, une personne à la fois, par des gens comme vous, par des parents, des grands parents, des enseignants capables d'amour intelligent.
> JAMES MASON

Comme nous l'avons vu dans le chapitre précédent, c'est bien dans l'enfance et surtout dans la petite enfance que se forment les ressources qui permettront la résilience.

De très nombreuses théories ont tenté d'expliquer comment l'histoire d'une personne se crée et s'élabore. Parmi elles, l'Analyse Transactionnelle est particulièrement éclairante. Son fondateur, Eric Berne, a mis au point la notion de scénario de vie. Il avait été frappé par les différentes trajectoires de vie des patients dont il s'occupait et a pu expliquer la diversité de ces trajectoires à la lumière de différents éléments tels que la génétique et la biologie et la psychologie : un enfant qui naît en pleine santé, avec une bonne hérédité, aura un départ dans la vie différent de celui d'un enfant prématuré, né d'une mère droguée, qui aura à vivre une forme de sevrage dans les premiers jours de sa vie et dont l'hérédité sera « chargée » comme on dit.

Dès la naissance et même avant, l'enfant va recevoir des messages de ceux qui l'entourent. Ceux-ci seront transmis verbalement et non verbalement ou par une combinaison des deux.

Quand le tout-petit ne comprend pas encore le langage, il perçoit les messages à travers les expressions du visage, les mouvements du corps, les odeurs. Puis lorsqu'il commence à comprendre le langage, il est bombardé d'injonctions :

- Ne m'ennuie pas
- Laisse ta sœur tranquille
- Tu obéis, et tout de suite
- Plus vite que ça !

Ces injonctions sont très fréquentes et accompagnées de messages non verbaux tels que sourcils froncés, doigt accusateur, coups. Lorsque les messages sont positifs, comme par exemple :

- J'aime t'écouter chanter
- Tu t'es bien débrouillé

Ils seront accompagnés de sourires et câlins.

L'enfant va aussi recevoir des attributions positives ou négatives :

- Tu es nul

- Tu es mon fils chéri
- Tu es tellement maladroit
- Tu dessines si bien.

Ces attributions peuvent être données indirectement lorsque les parents parlent de l'enfant à quelqu'un d'autre :
- Celui-ci nous donne bien du souci, il est si maladif !
- Le petit dernier, il voit courir le vent. On ne la lui fera pas à lui.
- On a tellement de facilité avec elle, c'est tout le contraire de sa sœur.

Eric Berne avait souligné l'importance des traumatismes et des événements qui se répètent dans la construction du scénario. L'enfant peut prendre une décision fondamentale dans son scénario de vie en réaction à un événement unique particulièrement traumatisant tel que séparation précoce, agression sexuelle, scènes de violence meurtrières dans des guerres ou des camps.

Une autre contribution intéressante d'Eric Berne est ce qu'il a nommé le contre scénario. Il s'agit de l'ensemble des décisions que prend l'enfant pour obéir à des commandements qui lui sont donnés par ses parents et/ou les autres personnes ayant autorité qui l'entourent, concernant ce qu'il faut faire ou ne pas faire ainsi que des idées sur le monde et les autres.

La plupart du temps, l'enfant utilise son contre scénario positivement, en vue de vivre harmonieusement avec les autres. Cinq commandements très précis jouent un grand rôle dans ce contre scénario. On les nomme « messages contraignants » parce que l'enfant se sent obligé de les respecter. Il croit qu'il est accepté par les autres et acceptable dans la société aussi longtemps qu'il y obéit. Voici ces messages : sois parfait, sois fort, fais des efforts, fais plaisir, dépêche-toi.

Chez les enfants résilients, on trouve fréquemment des comportements basés sur les messages ci-dessus et des conduites basées sur la recherche de la perfection, le désir de se débrouiller seul ou encore celui de « faire plaisir » à l'entourage.

Des collaborateurs d'Eric Berne, Bob et Mary Goulding ont mis en évidence douze thèmes apparaissant très souvent et formant la base des décisions de vie prises par l'enfant. Ces thèmes apparaissent sous forme d'interdictions ou de permissions données à l'enfant par son entourage :

○ Tu as le droit d'exister *ou* N'existe pas.

○ Tu as le droit d'être toi-même *ou* Ne sois pas toi-même.

○ Tu as le droit de grandir *ou* Ne grandis pas.

○ Tu as le droit d'être un enfant *ou* Ne sois pas un enfant.

○ Tu as le droit de réussir *ou* Ne réussis pas.

○ Tu as le droit de faire et de découvrir *ou* Ne fais pas.

○ Tu es important *ou* Ne sois pas important

- Tu as le droit d'appartenir (à ta famille, à ta race etc.) *ou* N'appartiens pas.
- Tu as le droit, d'être proche des autres émotionnellement et physiquement *ou* Ne sois pas proche.
- Tu as le droit d'être sain de corps et/ou d'esprit *ou* Ne sois pas sain (de corps et/ou d'esprit).
- Tu as le droit de penser *ou* Ne pense pas.
- Tu as le droit de ressentir *ou* Ne ressens pas.

Un enfant reçoit des milliers de messages de tous ceux qui l'entourent. Selon sa constitution, son tempérament, il se comportera d'une manière qui est unique et qui lui est propre face à ces messages. Il les acceptera, les rejettera, en prendra une partie et ignorera le reste. Les personnes qui vivent avec lui, lui donneront des messages différents, opposés parfois.

Dans l'histoire de Myriam Cardinaux, «Une petite fille en trop», on peut prendre conscience des messages extraordinairement négatifs que lui envoie sa mère et se demander comment cette petite fille a pu survivre. Il y a tout d'abord le silence du père qui peut-être, par son attitude non verbale, manifestait un autre point de vue que la mère. Surtout, il y a la grand-mère que Myriam appelait grand-maman mamour et chez qui elle revivait. Cette grand-mère lui donnait des messages positifs verbaux et non verbaux (les petits plats qu'elle lui cuisinait!)

Il y a aussi l'instituteur, le médecin, les infirmières, le pasteur, sa femme et puis le petit frère François qui, «avec l'école et la nature, formaient heureusement un contrepoids au manque d'amour et au sentiment d'insécurité qui me tenaillaient à la maison.» (*Une petite fille en trop*, p. 89).

L'enfant, bien sûr, n'est ni une table rase sur laquelle se poseraient des messages, ni un bloc de glaise que l'on va façonner. Dès avant sa naissance, une interaction se met en place entre lui-même et son environnement. L'enfant qui sourit à l'adulte, qui est câlin, qui ne s'oppose pas ouvertement, recevra plus d'attention des adultes qui l'entourent, il recevra donc plus de messages positifs avec lesquels il se construira une meilleure estime de lui-même. Cette meilleure estime de lui-même lui permettra probablement d'avoir de meilleurs résultats scolaires et d'acquérir des compétences qui lui attireront d'autres remarques positives, et ainsi le cycle positif sera enclenché. L'opposé se produit aussi. Mais à part les messages reçus et l'attitude des adultes envers lui, l'enfant va encore être influencé par la culture dans laquelle il grandit, la religion dominante, l'état de guerre ou de paix, la présence ou l'absence d'adultes compétents, le niveau économique de la famille et la santé mentale ou son absence chez sa mère et son père.

Cyrulnik souligne cet aspect lorsqu'il écrit: «Les enfants qui sont devenus les adultes les plus douloureux ont été les enfants de malades mentaux, de parents maltraitants et ceux qui n'ont pas pu trouver de substituts affectifs.» (*Un merveilleux malheur*, p. 18)

Ainsi la construction de la résilience chez un enfant s'élabore comme une forme de tissage qui prend en compte tous les éléments: ceux qui sont liés à son développement et ceux qui proviennent du contexte dans lequel il vit, le type de synthèse qu'il fait entre les deux et le regard des autres sur ce qu'il vit.

On peut remarquer cependant que de nombreux enfants résilients ont reçu des messages positifs qui les ont aidé à tenir le coup dans l'adversité.

Anne Frank a vécu dans un milieu intellectuellement riche où elle a reçu des messages positifs. Elle sait écrire et trouve du plaisir dans cette activité. Elle se sent bien avec elle-même.

Francine Christophe, l'auteur d'« Une petite fille privilégiée » décrit la chaleur de son milieu familial, l'affection, les fêtes, et aussi les messages reçus : il faut être fort et fier : « Je suis très droite, Maman l'a dit. Et puisque je dois être juive, je le serai avec le sourire, sans trembler. » (Elle a huit ans et demi !)

C'est sur la base de tous ces messages et aussi de la présence de sa mère que Francine Christophe peut vivre l'horreur des différents camps et internements qui vont suivre jusqu'en 1945 lorsqu'elle et sa mère peuvent quitter Bergen-Belsen.

La résilience en tant que comportement qui peut être appris

La résilience se construit donc sur la base de facteurs intérieurs, comme les réactions de l'enfant aux messages verbaux et non verbaux qui lui sont donnés, et de facteurs extérieurs, comme la présence d'adultes concernés ou de ressources diverses.

Les recherches effectuées dans ce domaine mettent en évidence que le comportement de résilience est fait de compétences particulières, de comportements identifiables.

Tout comportement peut être enseigné, démontré et appris. C'est pourquoi, aux États Unis, un «Projet Résilience» a été mis sur pied pour favoriser la construction de la résilience chez des enfants et des adolescents qui vivent des situations familiales et sociales particulièrement difficiles. Actuellement, des formations sont offertes aux enseignants, éducateurs, animateurs dans le domaine de la promotion de la résilience.

Chaque être humain est né avec une capacité innée de résilience, car il existe en lui une tendance innée à la croissance et au développement.

L'école est un lieu essentiel pour les enfants en souffrance, où la résilience peut être soutenue, favorisée.

Favoriser la résilience chez l'enfant

C'est permettre à l'enfant de développer:

1. des compétences sociales, c'est-à-dire la capacité de s'entendre avec les autres, de «les mettre de son côté», la capacité d'être flexible, de passer d'une culture à l'autre. C'est aussi l'aider à développer sa capacité d'empathie, c'est-à-dire de se mettre à la place de l'autre pour tenter d'imaginer ce qu'il ressent.

2. des capacités de communication, une manière constructive de voir les événements et d'utiliser l'humour.
3. des capacités à résoudre les problèmes par soi-même ou en demandant de l'aide, ainsi que la mise en place de buts réalistes.
4. des capacités de prise de conscience de la réalité. Il s'agit de comprendre d'où vient l'oppression et comment on peut en sortir. (qu'il s'agisse de parents alcooliques ou d'une société raciste!)
5. des capacités d'autonomie qui permettent de développer sa propre identité, d'agir de manière indépendante en ayant la maîtrise des situations et en acceptant la responsabilité de ce qui dépend de soi (ce qui est le contraire de la mentalité de victime). Cette capacité d'autonomie permet de refuser les messages négatifs à propos de soi-même et de choisir d'accepter seulement ceux qui sont positifs et qui favorisent la croissance.
6. la capacité de croire à un futur positif avec persévérance, optimisme et la capacité de développer une dimension spirituelle.

Favoriser, enseigner, soutenir l'acquisition de ces compétences est l'un des buts du «Projet Résilience.»

Comment cela peut-il se faire? L'analyse de nombreuses recherches sur la résilience met en évidence 3 groupes de «facteurs protecteurs», ou en d'autres termes, de facteurs favorisant les comportements de résilience chez l'enfant.

Les trois groupes de facteurs favorisant la résilience

1) *La présence de personnes concernées par le bien-être de l'enfant*

La résilience est favorisée par la présence d'au moins une personne capable de manifester une attitude de compassion pour l'enfant, une personne qui soit capable d'accepter que, même si cet enfant se comporte d'une manière incompréhensible, il tente de faire le mieux qu'il peut en fonction de ce qu'il vit ou de ce qu'il a vécu. Hors de la famille et des proches, c'est souvent un enseignant qui peut être cet adulte servant de modèle positif.

L'école toute entière pourrait être un lieu de relations positives entre enseignants et élèves, entre élèves, et entre enseignants et parents. Il ne s'agit pas de « mettre en place » de nouveaux programmes ou de nouvelles stratégies, mais bien de changer le type de relations qui s'établissent afin que puissent être manifestées, au sein même de l'école des valeurs telles que le respect, la compréhension, la compassion et l'attention pour l'autre.

Anne-Lise, une sage-femme assistant à un de nos cours nous a raconté l'histoire suivante qui illustre bien le point ci-dessus :

Ses parents étaient agriculteurs travaillant dur sur un petit domaine agricole de la France profonde. Elle avait trois frères plus âgés qu'elle, et elle était venue au monde alors que ses parents ne désiraient pas un quatrième enfant. La vie était très dure et elle se sentait souvent de trop dans cette famille. Sa mère, qui probablement avait souffert de sa condition de femme, lui disait souvent: «Tu n'as pas de chance d'être une fille, tu te prépares une vie dure!».

Inutile de dire que personne n'avait jamais eu le temps de s'occuper d'elle avant qu'elle entre à l'école, personne ne lui avait lu d'histoires, personne ne lui avait proposé de dessiner. Lorsqu'Anne-Lise entra à l'école, amenée par un de ses frères, elle se sentit perdue, elle prit place au fond de la classe et laissa le temps se dérouler dans toute sa lenteur. Ce dont elle se souvient le plus concernant ses premières années d'école, c'est à quel point elle s'y est ennuyée et combien elle aurait préféré jouer autour de la ferme.

Inutile de dire que ses résultats scolaires étaient catastrophiques, mais personne ne le lui reprochait. Voyant son bulletin scolaire, sa mère haussait les épaules.

L'instituteur, qui avait une classe à plusieurs degrés, se désintéressait totalement d'elle, et à la fin de sa deuxième année primaire, elle redoublait déjà sa classe.

Lorsque vint la rentrée d'automne, une surprise de taille attendait Anne-Lise. L'instituteur du village avait obtenu sa mutation pour la ville et une jeune institutrice fraîchement diplômée reprenait cette classe.

Anne-Lise se réinstalla au fond de la classe et pensa reprendre ses vieilles habitudes, mais à la fin de la journée, l'institutrice lui demanda de rester un moment après la fin des cours. Elle lui dit qu'elle avait vu ses bulletins scolaires, qu'elle l'avait observée durant la journée et qu'elle était convaincue qu'elle pouvait faire beaucoup mieux, qu'elle avait des yeux très intelligents et qu'elle allait l'aider à avoir de bons résultats. L'institutrice plaça Anne-Lise à l'avant de la classe juste devant son pupitre.

Tout à fait étonnée de ce qui lui arrivait, Anne-Lise courut chez elle et se précipita dans la chambre à coucher de ses parents, seul endroit de la maison où il y avait un miroir, et pendant un long moment elle considéra ses yeux : des yeux intelligents, lui avait-on dit, et elle se répétait cela.

A partir de ce jour-là, Anne-Lise et la jeune institutrice devinrent des alliées, et très rapidement les résultats scolaires d'Anne-Lise s'améliorèrent. L'école devint pour elle, un endroit magnifique où elle s'épanouissait à tous points de vue.

Elle continua brillamment ses études, décrocha un baccalauréat scientifique et fut admise à l'école de sages-femmes. Elle désirait consacrer sa vie à aider les femmes à choisir le moment de leur maternité et à donner un bon départ aux enfants qu'elles mettraient au monde.

Sa réalisation sur le plan professionnel et personnel, Anne-Lise dit la devoir à la jeune institutrice qui avait su reconnaître en elle le désir de croître et de s'épanouir et qui lui avait offert le soutien nécessaire.

L'histoire d'Anne-Lise est aussi un exemple du deuxième groupe de facteurs qui favorisent la résilience chez l'enfant.

2) *Avoir des attentes importantes et positives vis-à-vis de l'enfant*

Lorsqu'un enseignant communique à l'enfant qu'il peut arriver à un résultat, qu'il en a la capacité et qu'on s'attend à ce qu'il réussisse, il lui donne une raison de croire en lui-même. Les enfants qui ont toujours cru qu'ils étaient stupides, à qui on ne parlait pas et qui souvent étaient maltraités, s'ouvrent lentement à la possibilité de se faire confiance et d'augmenter leur estime d'eux-mêmes. C'est comme si l'enseignant disait à l'enfant : « D'accord, tu as vécu des choses terribles, tu as eu des difficultés, mais tu as des ressources incroyables que peut-être tu ne soupçonnes même pas. Je sais qu'elles sont là et je vais t'aider à les mettre en valeur ».

Le troisième groupe de facteurs qui favorisent la résilience concerne les occasions de participation.

3) *Les occasions de participation*

Lorsqu'un enfant qui a souffert est invité à devenir acteur, à participer, à créer, il augmente son estime de lui-même. A propos de ces enfants, B. Cyrulnik écrit dans son ouvrage *Un merveilleux malheur*, p. 48 : « Si vraiment nous voulons soutenir ces enfants blessés, il faut les rendre actifs et non pas les gaver. Ce n'est pas en donnant plus qu'on pourra les aider, mais bien au contraire, c'est en leur demandant plus qu'on les renforcera. »

Dans toutes les histoires de résilience, on peut découvrir ce désir et cette capacité d'agir, qui constituent une raison de vivre pour certains enfants maltraités.

Myriam Cardinaux écrit dans *Une petite fille en trop*, p. 89 : « Il faut dire qu'une bonne partie de mon énergie allait à épargner à mon petit frère la violence ambiante et à me retenir de pleurer devant lui… Je me faisais un devoir de le protéger, coûte que coûte. »

Il y a de multiples façons d'agir : l'enfant blessé peut exprimer son vécu grâce à l'œuvre d'art, il peut l'écrire, le chanter (comme la chanteuse Barbara !). Il peut aussi s'engager dans des projets visant à améliorer le monde. L'essentiel, c'est qu'il puisse devenir « actif ».

Ainsi donc, l'aide essentielle à apporter aux enfants blessés et traumatisés repose sur trois éléments :

1. la présence d'adultes concernés, compatissants, capables d'écoute et de soutien intelligent.

2. des attentes positives vis-à-vis des compétences de l'enfant.

3. l'invitation offerte à ces enfants de devenir acteurs de leur vie et non pas seulement consommateurs d'aides diverses.

La résilience chez l'adulte

> Le bon usage de la souffrance est de commencer à en découvrir le sens pour soi, d'en identifier les racines cachées, puis de la combattre par un travail intérieur sur soi-même qui dissipe tout ce qu'il y a en elle d'illusion. Lorsqu'elle s'impose à nous malgré tout, le bon usage est alors de l'utiliser en instrument de sa propre transformation.».
> BERNARD BESRET

A l'heure actuelle de nombreux chercheurs étudient tout ce qui est en rapport avec la résilience de l'enfant. Des associations d'enseignants, de psychologues, de travailleurs sociaux se penchent sur ce phénomène qui modifie leur approche des enfants et de adolescents en souffrance, comme nous l'avons vu au chapitre précédent.

Il y a bien sûr les départs difficiles ou tragiques dans la vie d'un enfant, mais il y a aussi les grandes crises de la vie d'adulte. La manière dont une personne peut faire face aux difficultés qu'elle doit surmonter dépend en grande partie des messages qu'elle a reçus dans son enfance et qui ont participé à créer son scénario de vie. Cependant, grâce à des recherches importantes et de longue durée faites par des équipes de professionnels de la santé mentale qui accompagnaient les vétérans de la guerre du Vietnam à leur retour au pays ou qui aidaient les prisonniers de guerre à reprendre pied dans la société, il a été possible de mettre en évidence des éléments capables de favoriser la résilience chez des adultes confrontés à des situations exceptionnellement difficiles. Quelle que soit l'épreuve, certaines personnes sont capables de l'endurer, de la surmonter et même d'en tirer parti. Qu'il s'agisse de deuils multiples, de torture, de maladies graves, certains sont capables de résilience et c'est leur exemple qu'il vaut la peine d'étudier.

Julius Segal est docteur en psychologie. Pendant trente ans, il a été employé par l'Institut national de santé mentale des Etats-Unis. Dans les années 1950, il a commencé à étudier les prisonniers de guerre, survivants des camps de concentration, otages, réfugiés ainsi que de nombreuses personnes qui avaient enduré des circonstances hors du commun.

Au cours de ses recherches, il a été amené à identifier cinq caractéristiques présentes, à des degrés divers, chez tous les résilients adultes qu'il a rencontrés.

Depuis que nous avons lu son ouvrage en 1986, *Winning life's toughest battles* (Gagner les batailles difficiles de la vie) éd. McGraw Hill Book Company, nous avons vérifié la justesse de ses propos en écoutant les histoires de vie des personnes en difficulté que nous avons accompagnées.

Réalisant que chacun de nous est appelé à traverser des épreuves dans sa vie, qu'il s'agisse du deuil, de la maladie, du chômage, du harcèlement psychologique de toutes sortes, de pertes, de séparations, de fin de vie et tant d'autres difficultés, nous avons mis sur pied des formations qui reprennent les cinq caractéristiques favorisant la résilience décrites par Segal.

Il n'y a pas de vie sans traumatisme, heureusement, la plupart des lecteurs de ce livre n'auront à subir ni la torture, ni les tremblements de terre ou le viol, mais chacun a rencontré ou rencontrera des épreuves. Carl Rogers le soulignait déjà lorsqu'il écrivait: «Le fait de vivre représente une affaire très risquée.». Ce qui est important, c'est de savoir que l'être humain est beaucoup plus résilient qu'on ne l'imagine. Pendant très longtemps, la psychologie n'a étudié que les problèmes de santé mentale, les déviances, la pathologie. Elle a superbement ignoré l'immense majorité des gens qui, forts de ressources inouïes, ont été capables de traverser des épreuves incroyables sans être détruits psychologiquement.

Bien entendu, on ne sort pas indemne des grandes épreuves de la vie. Il y a souvent des difficultés qui se manifestent alors que la personne guérit doucement: ce peuvent être de l'angoisse, de l'irritabilité, des cauchemars ou des problèmes physiques comme de l'hypertension, de l'asthme ou des maux d'estomac. Cependant, ces symptômes peuvent disparaître complètement au bout d'un certain temps ou alors les survivants résilients trouvent les moyens de les diminuer et de les intégrer dans leur vie.

Les cinq caractéristiques de la résilience chez la personne adulte d'après J. Segal

1. La communication

Elle représente la possibilité de lien et d'échanges avec les autres, c'est par elle que les encouragements peuvent être donnés et reçus, c'est par elle que peuvent être déposées les pensées trop lourdes à porter.

En même temps il est si difficile de communiquer lorsqu'on est au cœur de l'épreuve. On peut se sentir isolé, incompris, on peut en arriver à croire que personne n'est capable d'imaginer l'intensité de notre souffrance. Il suffit d'une réponse maladroite ou d'un rejet pour qu'on se referme comme une huître. Certaines personnes ont si peu d'empathie qu'on peut se mettre à en vouloir à la terre entière. Dans son ouvrage: *Ma vie sur un fil* (éd. St Augustin), Myriam Imena, qui raconte sa lutte contre le cancer, mentionne la réponse d'une collègue: «Un quoi? Un cancer! Ma pauvre chérie comme c'est triste! J'aimerais tellement que tu ne m'en aies pas parlé...» (p. 113).

La communication, comme la vie, est une affaire risquée, et pourtant elle est indispensable: verbale, non verbale, écrite, transformée en œuvre d'art, elle permet d'aller de l'avant, de faire sens de l'épreuve et de l'interprétation qu'on en donne.

Myriam Imena écrit encore: «Maintenant que j'ai pu mettre des mots sur une réalité voilée, sur des sentiments rongeurs, sur une crainte diffuse, sur des pensées destructrices, maintenant que l'ennemi est démasqué, je n'ai plus peur, je retrouve courage.» (p. 104).

Pouvoir mettre en mots ce que l'on ressent comporte un effet guérissant, c'est pour beaucoup la possibilité de rester en contact avec le monde et avec les autres.

Le Dr Sheila Cassidy, qui a été torturée au Chili sous Pinochet pour avoir soigné un révolutionnaire, décrit d'une façon extraordinairement poignante l'importance de la communication avec les autres femmes enfermées avec elle. Elle parle d'une jeune femme qui avait à peine 19 ans et qui avait été torturée quelques jours auparavant, et des soins pleins de tendresse qu'elle reçut de cette co-détenue nommée Francisca. Sheila Cassidy souligne qu'elle n'aurait jamais pu tenir sans cette intense communication avec les autres. (*Audacity to believe* éd. Collins Paperbacks 1977).

Julius Segal a rencontré des prisonniers de guerre qui avait pu résister grâce à des communications faites sur les morceaux de papier WC et glissés sous un bout de ciment, ou encore grâce à des messages tapés en morse sur des tuyaux de chauffage.

M. et Mme B., qui ont perdu deux enfants à cause d'une maladie héréditaire et dont le troisième enfant, encore vivant, est aussi atteint, disent avoir pu tenir le coup grâce aux échanges et à la communication avec d'autres parents ayant traversé la même épreuve et regroupés au sein d'une association.

Cette nécessité de pouvoir communiquer est aussi souvent évoquée par les victimes d'abus sexuels, les épouses de maris atteints d'alcoolisme et tous les endeuillés qui acceptent de participer à des groupes de soutien et de partage.

Le chercheur américain en psychologie, James Pennebocker, a publié les résultats d'une enquête menée sur deux mille personnes qui avaient souffert de traumatismes importants, tels que: viol, maltraitance, deuil, agressions diverses. Il a mis en évidence que ceux qui avaient pu se confier à quelqu'un étaient en meilleure santé physique et mentale, alors que ceux qui n'avaient pas pu communiquer leurs expériences développaient plus de maladies diverses.

Ces résultats sont corroborés par de nombreuses autres recherches: **la capacité à communiquer est l'une des caractéristiques des adultes qui font preuve de résilience.**

2. La capacité de prendre la responsabilité de sa vie

Traverser une grande épreuve de la vie, c'est entrer dans un temps de chaos. Plus rien ne fait sens, plus rien ne semble «normal». On craint de devenir fou. Ceux qui font preuve de résilience témoignent tous de la nécessité qu'ils ont ressentie de remettre de l'ordre et de la régularité dans leur vie, de reprendre un semblant de maîtrise sur les circonstances.

Dans les camps de concentration, de nombreux Juifs pratiquants ont maintenu leur santé mentale en tentant par tous les moyens de continuer à pratiquer les rites de leur religion.

Maïte Girtaner, cette jeune pianiste qui a survécu miraculeusement alors que, membre d'un réseau de résistance française, elle avait été emprisonnée et torturée par les nazis, raconte, dans une émission de télévision qui lui a été consacrée, comment. avec ses co-détenus, ils avaient mis au point des moments particuliers dans la journée. Elle mentionne l'importance de la prière commune à 16 heures, tous les jours, alors qu'elle et ses compagnons croupissaient sur le sol de béton d'une cellule.

Sheila Cassidy rapporte comment Francisca, qui était devenue une sorte de leader du groupe des détenues, insistait sur le maintien d'une discipline personnelle afin de rester physiquement et mentalement résistante. Il était, par exemple, recommandé d'éviter de dormir durant la journée afin de bien dormir la nuit, car, avait-elle remarqué, l'absence de sommeil la nuit était propice aux angoisses et aux déprimes.

Ainsi, durant la journée, les prisonnières de la DINA, l'épouvantable police secrète de Pinochet, se récitaient des poèmes ou se racontaient des films pour structurer le temps.

Tout ce qui peut donner un sentiment de contrôle sur les circonstances permet de mieux les vivre.

Prendre l'initiative, voilà le remède contre l'impuissance et la victimisation. Un otage américain à Téhéran, John Limbert, avait trouvé la parade suivante : quand les geôliers entraient dans sa chambre, il les faisait asseoir et même, lors d'une visite d'une délégation étrangère, il avait réussi à rassembler quelques friandises qui restaient de Noël et les avait offertes aux visiteurs. Ainsi, il prenait la responsabilité des opérations, ceux qui entraient dans sa chambre étaient ses invités et il était leur hôte.

Ce sentiment d'avoir un pouvoir sur la situation, de pouvoir prendre des initiatives est un élément essentiel face aux difficultés.

Dans des recherches menées avec des hommes d'affaire de haut niveau, ceux qui vivaient le mieux le stress de leur travail étaient ceux qui trouvaient les moyens de prendre l'initiative et qui étaient certains qu'ils pouvaient atteindre leurs buts. Deux chercheurs, Kobasa et Maddi, ont même nommé cette caractéristique «hardiness» qu'on pourrait à peu près traduire par le mot «hardiesse».

Ces découvertes devraient être prises en compte par tous ceux qui soignent des malades. Enlever l'initiative ou priver la personne de la liberté de structurer son temps ou de choisir parmi différentes possibilités amène le patient à secréter plus de cortisol, une hormone que l'on trouve en excès chez ceux qui souffrent de dépression.

De nombreux exemples démontrent que l'initiative, l'action dirigée vers le mieux-être des autres est un puissant consolateur.

La mère d'une fillette de 13 ans, tuée par un chauffard ivre, a créé une association particulièrement puissante aux USA puisqu'elle compte 600 000 membres regroupés en sections dans 47 états. Cette association s'appelle MADD «Les mères contre les conducteurs ivres»! Elle a pris l'initiative et pu ainsi sortir de son deuil.

Prendre l'initiative, décider de modifier ce qui peut l'être, faire naître l'ordre à partir du chaos, même dans de petites choses toutes simples, voilà la deuxième caractéristique de la résilience.

3. Avoir une conscience dépourvue du culpabilité

Lorsque l'épreuve est là et que le malheur frappe à la porte, il est parfois bien difficile de garder bonne conscience.

A plusieurs reprises, nous avons écouté atterrées comment des parents dont les enfants étaient décédés avaient reçu des téléphones anonymes leur disant qu'ils n'avaient que ce qu'ils méritaient. La dimension ignoble de ces manifestations de méchanceté nous a toujours questionnées. Pourquoi tant d'acharnement sur des personnes qui traversent une épreuve inimaginable pour ceux qui ne l'ont pas connue ?

C'est la même insensibilité qui fait qu'on dit à une femme violée, «vous l'avez sûrement cherché, il fallait vous y attendre, si vous portez des minijupes»! ou d'autres aberrations de ce genre.

Ainsi, au milieu des plus grandes épreuves de la vie, chacun peut être terrassé par la culpabilité.

La troisième caractéristique des adultes résilients, c'est, au contraire, la capacité de ne pas céder à cette culpabilisation, de garder une conscience claire et limpide.

Il s'agit, bien sûr, d'accepter les responsabilités qui sont les siennes et de reconnaître ses erreurs, de les réparer s'il y a lieu, et de voir où s'arrête cette responsabilité personnelle.

Notre société a la triste propension à blâmer les victimes. Il s'agit d'une stratégie mise en place pour se rassurer. Si nous croyons qu'il y a de bonnes raisons pour qu'une personne souffre, cela veut dire que cette souffrance est méritée, donc si je suis «bon», je n'aurai pas à traverser la même épreuve puisque je ne la mériterai pas.

Ce raisonnement existe sans que nous en soyons vraiment conscients, c'est une forme de mécanisme de défense.

En rejetant ceux qui traversent les crises de la vie, en les culpabilisant, on pense inconsciemment se protéger du malheur qui les frappe.

Myriam Imena, dans son ouvrage: *Ma vie sur un fil* qui retrace son temps de maladie, cite la réponse d'une collègue à qui elle parlait de son cancer: «Il faut positiver, ma vieille! C'est pas grave! Tu vas sûrement aller mieux! Rappelle-moi quand tu seras en forme!» (p.114). Ce qui est dit, en réalité, c'est: «Tu es responsable de tes problèmes, ainsi je n'ai pas besoin de t'aider.».

Des recherches ont démontré que la culpabilité empêche le maintien de l'espoir, qu'elle utilise inutilement de l'énergie vitale et qu'elle abaisse les capacités de l'organisme à se défendre contre les microbes, virus et bactéries.

C'est pourquoi, la capacité de refuser la culpabilité, même lorsque l'oppresseur tente de l'imposer d'une manière ouverte ou cachée constitue un pilier essentiel de la résilience.

4. Les convictions

Toute la littérature parue concernant les situations les plus graves de la vie tend à mettre en évidence que ceux qui les vivent et qui s'en sortent sont soutenus par la conviction que leur souffrance n'est pas inutile ou absurde.

Viktor Frankl, psychiatre, qui a été prisonnier dans les camps de concentration d'Auschwitz et de Dachau, a beaucoup écrit sur ce sujet : la personne qui était sans but, en général, ne survivait pas.

Frankl a souligné que l'être humain peut supporter n'importe quel *comment*, s'il sait *pourquoi*. Pour lui, la recherche de sens est la première force de la vie.

Carl Jung, le grand psychiatre suisse, disait que : « Trouver un sens, une signification rend beaucoup de choses supportables, peut-être que cela rend toutes choses supportables. ».

Martin Gray, dont les ouvrages et la vie ont fait l'objet de films très connus et qui a traversé des épreuves incroyables, comme la perte de toute sa famille d'origine dans les camps de concentration et de toute la famille qu'il avait créée dans un incendie de forêt, décrit la conviction qui l'a soutenu dans son ouvrage : *Vivre debout*. « Il m'est possible de donner sens à la vie et donc de « vivre debout », de faire face à l'usure du temps, à la précarité de l'existence, qu'à la condition de savoir que l'homme est lié aux autres hommes. Il n'est pas ce grain sans adhérence, poussé vers la mort au terme d'une vie privée de sens et de direction, il est le moment d'une grande épopée, d'une histoire fabuleuse, celle de l'humanité… Voilà le sens de la vie. ».

Voir un but à ce que l'on vit, tenir le coup sous la torture pour ne pas dénoncer les amis, survivre à tout prix pour rejoindre sa famille, trouver les moyens de subsister pour pouvoir témoigner de ce que l'on a vécu, les convictions diffèrent d'une personne à l'autre, mais elles sont toujours le moteur qui permet d'avancer encore un peu, de supporter encore un peu.

Pour certains, ce sont les convictions religieuses qui permettent de tenir le coup. C'est le cas des moines et des religieuses emprisonnés et torturés par les Chinois au Tibet, c'est aussi le cas, plus proche de nous, de Myriam Cardinaux qui traverse courageusement son enfance innommable grâce à ses convictions. « Et il y avait autre chose qui me soutenait dans ma résistance à l'humiliation, ce que j'appelle aujourd'hui « ma foi ». C'est elle, je crois, qui m'a permis de survivre à ces années douloureuses. » (*Une petite fille en trop* p. 89).

Dans notre travail d'accompagnement de personnes traversant de graves crises de la vie, nous avons pu vérifier combien celles qui avaient trouvé une raison de vivre, ou un sens à la souffrance qui était la leur, avaient accès à des ressources insoupçonnées qui leur permettaient de faire preuve de résilience.

Dans son ouvrage *Audacity to believe* (p. 300), Sheila Cassidy parle longuement d'une journaliste chilienne particulièrement engagée qui avait été torturée durant plusieurs mois et qui avait miraculeusement survécu. Elle décrit ainsi les raisons de ce miracle : « Gladys Diaz possédait au plus haut degré cette qualité qu'on trouve chez les révolutionnaires, les martyrs et les saints: elle était inébranlable dans ses convictions.».

Quelles que soient les convictions, quel que soit le sens que l'on donne aux expériences qu'on traverse, ces convictions et ce sens servent de phare, de lumière qui guide l'être humain alors qu'il doit traverser l'obscurité. Plus elles sont intenses et plus elles résistent aux difficultés, plus elles contribuent à permettre les comportements résilients.

5. La compassion
«Lorsque vous aidez quelqu'un à traverser la rivière en le prenant dans votre barque, vous passez aussi sur l'autre rive.» (Auteur inconnu).

La compassion, c'est ce qui permet d'être concerné par l'autre, de le considérer comme aussi important que soi, c'est être touché par la situation dans laquelle il se trouve s'il souffre, c'est le comprendre à travers le partage et l'imagination, c'est se mettre en route, c'est agir pour le soulager. C'est aussi reconnaître ce qui nous relie à lui, cette même humanitude. Compatir, c'est souffrir avec ceux qui souffrent, c'est s'immerger complètement dans la condition humaine pour soulager ceux qui souffrent par tous les moyen dont nous disposons.

Lorsqu'on étudie le phénomène de la résilience, on pourrait poser l'hypothèse que ceux qui ont survécu aux situations de vie les plus intenables qui soient, que ceux qui ont connu des épreuves incroyables, comme par exemple de perdre ses cinq enfants dans l'incendie de sa maison, que ces gens-là sont avant tout intéressés par eux-mêmes, leurs malheurs, leurs besoins, leur propre survie.

Or, aussi surprenant et inattendu que ce soit, les personnes vraiment résilientes sont celles qui sont capables de compassion envers les autres. Dans l'horreur des camps ou des prisons, dans les catastrophes ou les deuils multiples, il s'est trouvé des personnes capables de s'intéresser aux autres, de partager le peu de nourriture dont elles disposaient, de soigner, consoler, réconforter ceux qui les entouraient, alors qu'elles-mêmes vivaient un enfer.

Yvonne et son mari avaient cinq beaux enfants âgés de 2 à 8 ans. Ils avaient une vie bien remplie, tous deux étaient des professionnels accomplis, des parents heureux. Un soir de février, ils avaient fait garder leurs enfants par une personne (qu'ils croyaient!) de confiance et étaient sortis ensemble pour se retrouver à deux et manger au restaurant.

C'est là qu'on vint les avertir que leur maison brûlait. Lorsqu'ils arrivèrent sur place, la maison n'était plus qu'un énorme brasier contre lequel les pompiers tentaient de lutter. Les cinq enfants avaient péri dans les flammes. Au lendemain des funérailles, le mari d'Yvonne, incapable de faire face à la situation, décide de la quitter. Yvonne ne s'effondra pas.

Quelques temps plus tard, elle décide de quitter le pays pour mettre de la distance entre elle et le lieu du drame. Au bout de quelques années, elle rencontre un homme avec qui elle décide de continuer sa vie. De retour au pays, elle cherche la personne qui était censée garder ses enfants. L'enquête avait conclu que le feu avait pris dans le lit de la gardienne qui s'était endormie en fumant et qui s'était enfuie sans se préoccuper des enfants, au début de l'incendie. Yvonne n'a aucune intention de se venger, au contraire, elle voudrait dire à cette femme qu'elle ne lui en veut pas, qu'elle lui a pardonné.

Au cours des années, Yvonne s'est formée comme thérapeute et aujourd'hui, elle manifeste une immense compassion pour les personnes qui passent par les crises, les deuils et les difficultés de la vie.

Dans son récit des périodes les plus sombres de son emprisonnement au Chili, Sheila Cassidy décrit la compassion dont fait preuve Francisca, qui elle-même était dans une situation tragique: «Pendant les 24 heures qui suivirent, Francisca m'a soignée comme si j'avais été une enfant malade. Elle humectait mes lèvres avec du coton parce qu'elles étaient sèches et fendues par les coups que j'avais reçus. Elle remplaça le bandeau qui m'empêchait de voir et qui me faisait mal aux yeux par un tissu blanc et doux.» (*Audacity to believe* p. 196).

Beaucoup survivent aux difficultés, aux crises, mais ils le font d'une manière négative, en entrant dans la délinquance, en se comportant comme des loups envers les autres humains. Ces personnes-là ne peuvent pas être qualifiées de résilientes, elles survivent, mais elles ne manifestent pas les caractéristiques fondamentales de la résilience qui incluent le respect de soi-même et des autres, ainsi que la compassion.

Pourquoi la compassion permet-elle la résilience ? Parce qu'elle permet de se sentir bien avec soi-même, parce qu'elle permet de se dépasser et de lutter contre le désespoir.

Questionné sur les moyens de surmonter le désespoir, l'écrivain Elie Wiesel, qui a perdu toute sa famille en camp de concentration et qui, lui-même avait tout juste pu survivre, disait: «Vous voulez savoir comment surmonter le désespoir. Je vais vous le dire: en aidant les autres à surmonter le leur.» (Texte traduit en français et tiré de l'ouvrage *No time for Goodbyes* de Janice Harris Lord, éd. Pathfinder Publishing, California, 1991).

Une autre explication encore peut se trouver dans cette phrase d'un rabbin rescapé d'un camp de la mort: «La souffrance a tout calciné, tout consumé en moi, sauf l'amour!». L'amour est ce qui reste quand il ne reste plus rien.

On pourrait multiplier les exemples de comportements remplis de compassion manifestés par des personnes au cœur des épreuves les plus incroyables.

Cependant, aujourd'hui, un danger existe, danger sur lequel Viktor Frankl, auteur du livre «Trouver un sens à sa vie», s'est exprimé à plusieurs reprises en soulignant que l'Occident, actuellement, met en avant la culture du «moi avant les autres», de l'égocentrisme, du profit irresponsable et que, peut-être, ces attitudes d'intérêt pour soi au détriment des autres diminueront la capacité de résilience des humains du futur.

Espérons qu'il se trompe dans ses prédictions.

La résilience chez la personne âgée

> Ne pas fuir, mais oser rester, à l'endroit où je suis interpellé, à cet endroit où tombent tous les masques, où tout ce que je n'aurais jamais pu croire s'avère être moi...
> CHRISTIANE SINGER, *Du bon usage des crises.*

Alain a 80 ans. C'est un résilient. Après une enfance terrible, sans amour, une jeunesse sans soutien, il a réussi à se créer une vie magnifique, une vie au service des autres. Après avoir terminé un apprentissage de menuisier, il s'est préparé à enseigner son métier à des adolescents meurtris par la vie résidant en institution. Il a été l'un des premiers « maîtres socioprofessionnels » qu'on nommait « moniteurs d'atelier » il y a quarante ou cinquante ans. Il a créé une famille et a vécu près de cinquante ans avec son épouse qui est morte lorsqu'il avait 75 ans. Alain a eu un fils dont il est très fier et qui réside en Californie où il est ingénieur naval. Son fils est « bien » marié avec une américaine « très gentille, très gaie », dit Alain. Ce couple a une fille de 14 ans. Ils sont venus voir Alain l'an dernier en Suisse, mais sa petite-fille ne parle qu'anglais, dit son grand-père avec regret. Alain vit seul, il a des amis, de gentils voisins, il va à l'église tous les dimanches, il aime regarder la télévision et mange au restaurant une ou deux fois par semaine. Jusqu'à l'an dernier, il a été chauffeur bénévole, mais il a décidé d'arrêter car les autoroutes lui font un peu peur maintenant.

Alain a été un adulte résilient, il a appris à communiquer, ses cours de maître socioprofessionnel l'ont beaucoup aidé dans ce domaine, il a toujours pris l'initiative d'aller de l'avant, d'améliorer sa vie, de dépasser les difficultés qui parsemaient son chemin. Il a toujours su qu'il n'était pour rien dans les événements de sa triste enfance. Toute sa vie a été vécue dans le respect de valeurs dont il était convaincu : le travail, la famille, la responsabilité, le respect de soi-même et des autres, l'acceptation de la volonté de Dieu. Toute sa vie aussi, il a tenté de pratiquer au mieux la compassion envers chacun. Il a été un époux, un père, un collègue, un enseignant aimé et respecté.

Alain a milité, dans des associations professionnelles, des syndicats, contre la faim dans le monde, contre la torture et il a exprimé ses états intérieurs par le biais de peintures à l'aquarelle dont son petit logement est rempli.

Aujourd'hui, cependant, la vie est plus difficile pour lui. Il lui arrive d'oublier des événements récents, le nom de certaines personnes qu'il rencontre. Il n'arrive plus à prendre soin de son ménage tout seul et a besoin d'une aide ménagère qui vient faire des nettoyages une fois par semaine et, lorsqu'il est peu bien, il lui est arrivé de demander le service des repas à domicile.

Cette «dépendance» lui est très pénible. Lui qui avait su «gérer» sa vie malgré tout, vit très mal cette diminution de sa mobilité et de sa forme. Il ressent beaucoup d'anxiété à l'idée de devenir vraiment dépendant des autres.

Ce qui lui est pénible surtout, c'est la réapparition des souvenirs de son enfance. Alors qu'il lui arrive d'oublier des événements récents, ceux de son enfance «remontent», comme il dit, et malheureusement ce ne sont pas de «bons souvenirs». Lui qui avait été si plein d'entrain et d'humour en arrive parfois à se sentir déprimé.

L'histoire d'Alain met en lumière les défis de la résilience chez les personnes âgées. Nombre d'entre elles ont eu des vies difficiles. Les messages qu'elles ont reçus de leurs parents ou de ceux qui étaient censés les remplacer n'ont pas été positifs, constructifs. Malgré cela, ces personnes sont devenues résilientes. Elles ont réussi à faire face, elles ont su créer leur vie, devenir des membres utiles de la société.

A l'âge avancé, lorsque les mécanismes qu'elles ont utilisés pour surmonter les blessures de leur passé, tels que l'activité, la prise d'initiatives et de responsabilités n'ont plus la même efficacité, nombreuses sont celles qui souffrent de sentiments dépressifs.

Parmi les résilients âgés, ceux qui vivent le mieux sont ceux qui ont cultivé une expression artistique et ceux qui ont approfondi une dimension spirituelle.

Jeanne en est un exemple. Après une très triste enfance en orphelinat, puis une vie de jeune adulte tragique avec un mari violent, Jeanne avait divorcé et était partie vivre avec sa fille dans une autre ville.

La vie n'avait pas été facile car elle n'avait pas de métier et les activités professionnelles qu'elle avait acceptées étaient pénibles physiquement et peu payées. Mais un jour, Jeanne avait été en contact avec l'Armée du Salut, un mouvement social et religieux très chaleureux. Là, Jeanne avait rencontré une vraie communauté, elle s'était engagée à fond, comme elle disait. Elle avait commencé à chanter dans la chorale, à jouer de la guitare, à participer à de nombreuses activités sociales. Elle avait fait une expérience de conversion pendant laquelle elle avait « senti » la présence du Christ en elle.

Aujourd'hui, à 85 ans, Jeanne est une femme épanouie. Elle est convaincue d'avoir eu une vie utile. Sa fille a créé une famille harmonieuse, elle-même participe encore, autant que sa santé le lui permet, aux cultes et manifestations de l'Armée du Salut dans sa ville. Les chants, la musique, la prière sont des aspects bienfaisants de la vie qu'elle continue de vivre.

Bien sûr, parfois, une vague de tristesse l'assaille, mais elle sait qu'un instant de prière lui permet de retrouver la sérénité intérieure. Elle a une foi solide, elle sait où elle va. La mort ne l'effraie pas.

Jeanne est aimée de tous les membres de son église et de ceux qui l'entourent. Elle a trouvé les moyens de maintenir sa résilience.

La résilience dans la vieillesse est un défi particulier. C'est le temps où le bilan s'impose, c'est le temps souvent de l'adaptation à une dépendance douloureuse.

A l'heure actuelle, les recherches sur la résilience n'ont pratiquement pas encore étudié la trajectoire des enfants et des adultes résilients lorsque les difficultés de la vieillesse les confrontent. Au moment où l'espérance de vie augmente d'année en année, il est urgent de mieux comprendre ce qui se produit dans la vie des personnes âgées qui ont fait preuve de résilience, afin de pouvoir mieux les soutenir dans leurs dernières années.

Ce qui favorise la résilience après un évènement traumatique

> Quelque chose en moi sait que rien ne peut m'arriver, que rien ne peut me détruire. C'est ce noyau infracassable en nous, ce noyau infracassable du divin en chacun de nous. Alors la peur cesse et quand la peur cesse, il y a un drôle de morceau de moins d'horreur sur la terre. Parce que la peur est la plus grande créatrice de réalités qui existe !
>
> CHRISTIANE SINGER, *Du bon usage des crises*

Durant les vingt dernières années, la communauté médicale a donné beaucoup d'attention aux victimes de situations tragiques. En effet, l'augmentation du nombre de traumatismes psychologiques dans les sociétés occidentales et du nombre de personnes présentant de fortes réactions suite à ces traumatismes est significatif.

Le nombre d'accidents graves, de décès subits, de suicides, d'actes de brigandage, de viols, d'attaques à main armée, de tortures, de prises d'otage, de catastrophes naturelles est si important que chaque jour, des milliers de personnes doivent faire face, à des situations traumatiques. Ainsi, un nouveau diagnostic est apparu : l'état de stress post-traumatique.

Cet état se caractérise par trois groupes de signes :

1. la reviviscence, ou retour involontaire de souvenirs qui viennent à l'esprit sous forme de pensées, d'images, de cauchemars.
2. l'évitement de tout ce qui peut rappeler le traumatisme.
3. la perturbation du système chargé de régler notre fonctionnement général provoquant des troubles du sommeil, une perte de la concentration et différentes difficultés, telles que besoin d'alcool et de calmants, irritabilité, accès de colère, prudence extrême.

Il existe des personnes plus vulnérables que d'autres face à un choc violent, par exemple celles qui n'ont jamais subi de traumatisme important ou qui ont été élevées dans un climat protégé. Celles aussi qui ont déjà subi des traumatismes graves et répétés.

Les personnes qui ont déjà rencontré des difficultés dans leur vie et qui ont pu les gérer semblent pouvoir mieux faire face aux situations traumatiques ; il en est de même pour celles qui peuvent compter sur un environnement social ou familial solide et compatissant.

Le « *débriefing* »

Pour prévenir ces perturbations dues au stress post-traumatique, les spécialistes ont mis au point une forme d'intervention qu'on nomme le *débriefing*. Il s'agit d'une technique spécifique qui a pour but d'aider les personnes qui ont été exposées à un traumatisme à gérer leurs réactions physiques et psychologiques. Cette technique permet aux victimes impliquées de communiquer leurs pensées, émotions, expériences à des écoutants qui les acceptent et les valident (c'est à dire qu'ils reconnaissent comme normal ce qu'elles éprouvent). Ce travail de débriefing doit avoir lieu si possible dans les 72 heures qui suivent le drame.

Récemment, on s'est rendu compte que ceux qui s'occupent des victimes d'un drame, ceux qui en ont été témoins sans même y être impliqués, les policiers, les pompiers, les soignants ont aussi besoin de pouvoir partager ce qu'ils ont vécu, même s'ils n'étaient pas eux-mêmes touchés.

Il existe maintenant dans la plupart des pays occidentaux des groupes de spécialistes formés au débriefing et capables de se rendre sur le terrain en urgence.

La prise en compte des conséquences du stress traumatique est une excellente chose et les offres de débriefing également. Mais il faut tout de même se souvenir que de nombreuses personnes ont des ressources dans leur environnement naturel, associatif ou religieux, et qu'elles peuvent gérer les crises de leur vie sans intervention de spécialistes.

Cependant, l'écoute, l'accompagnement, le débriefing, entre autres, sont autant de moyens qui peuvent aider un adulte à trouver en lui les éléments qui peuvent faciliter sa résilience.

Les groupes de soutien

Si le débriefing est une approche ponctuelle qui est utilisée très rapidement après le drame, les groupes de soutien, ou groupes de parole peuvent permettre à celui ou celle qui a connu une situation tragique de vivre mieux l'après crise.

A l'heure actuelle, il existe des groupes pour endeuillés, plus spécifiquement pour parents d'enfants décédés, pour veufs et veuves, pour parents d'adolescents qui se sont suicidés, pour victimes de viol, pour victimes d'agression, pour femmes battues, et la liste pourrait remplir plusieurs pages. Ces groupes sont d'une grande utilité. Ils permettent à ceux qui ont traversé un drame de parler de ce qui s'est passé, de partager leur vécu avec d'autres personnes traversant la même situation, d'être acceptés avec leur ressenti, de trouver des pistes pour aller de l'avant ou des informations pour recevoir une aide plus individuelle.

Les psychothérapies

Il en existe des douzaines de sortes. Quelle que soit l'approche choisie, la personne qui a traversé un drame a besoin d'être écoutée, acceptée, soutenue. Elle a besoin de trouver des ressources en elle et dans son environnement.

Cet accompagnement peut permettre aux qualités de résilience d'émerger et de se maintenir chez une personne qui a traversé une situation tragique.

L'art-thérapie
L'expression du ressenti à travers la peinture, la sculpture, le modelage, le théâtre, la musique, l'écriture avec le soutien d'une art-thérapeute représente un excellent moyen de favoriser la résilience.

La pratique personnelle d'une activité artistique
C'est un moyen qui a été utilisé par de nombreuses personnes qui tout au long de l'histoire humaine l'ont choisi pour faire face aux drames et aux difficultés de leur vie. D'artistes comme Van Gogh ou Schubert au peintre amateur du dimanche, de grands écrivains au poète en bleu de travail, l'expression artistique a souvent favorisé la résilience.

Les approches complémentaires de soins
Elles peuvent, elles aussi, favoriser la résilience, qu'il s'agisse de l'hypnose, des harmonisants du Dr Bach, de la kinésiologie, de la visualisation créatrice, de la sophrologie ou du Reiki, parmi des dizaines d'autres. Les approches complémentaires sont très utiles et peuvent apporter un grand réconfort aux personnes qui ont passé par des situations traumatiques. Les

thérapeutes qui les pratiquent ont la responsabilité de se former à accueillir des personnes en situation de stress post-traumatique.

*Favoriser la résilience **avant** le drame*

Comme on le voit ci-dessus, la plupart des techniques d'aide présentées comportent la *nécessité de communiquer*, de dire ce que l'on pense, ce que l'on vit, ce que l'on ressent. C'est un exercice périlleux pour ceux qui n'ont pas appris cet échange au sein de leur famille.

C'est pourquoi tout ce qui a trait à l'apprentissage de la communication se révèle utile dans les situations de crise, qu'il s'agisse de la communication non-violente de Marshall Rosenberg, de l'Analyse Transactionnelle, de la méthode Gordon, de la méthode ESPERE de J. Salomé, tout ce qui peut aider à communiquer représente une possibilité de favoriser la résilience.

Prendre le *contrôle sur sa vie*, prendre l'*initiative* représente un deuxième aspect important dans la promotion de la résilience. On peut l'apprendre dans des stages d'affirmation de soi, de négociation, de programmation neurolinguistique.

Lâcher prise de la fausse culpabilité, clarifier ses convictions, cultiver la compassion, peut être favorisé par des ateliers de croissance personnelle où ces thèmes sont abordés.

Il s'agit d'un itinéraire personnel qui demande une prise de conscience qui se fait tout au long de la vie.

Quel que soit le cours ou le stage, il n'est qu'une ouverture vers le chemin à parcourir. On ne peut pas « apprendre la résilience », on peut seulement développer des compétences qui la favoriseront lors des crises et des drames de la vie.

La résilience et ses fluctuations

> L'état de ce monde me révulse, m'indigne, me déchire, et c'est mieux que l'indifférence, mais rien ne sera changé si je n'entre pas dans la compassion. La vérité ne peut être une massue dont on assène un coup sur la tête du voisin ; elle ne peut être que ce vêtement de compassion dont je couvre ses épaules.
> CHRISTIANE SINGER «Où cours-tu? Ne sais-tu pas que le ciel est en toi?»

L'enthousiasme soulevé par le concept de la résilience ces dernières années a contribué à voiler un élément très important : d'une part, tout le monde ne peut pas être résilient et d'autre part les personnes résilientes ne peuvent pas l'être tout le temps, ni dans tous les domaines.

Les histoires d'Antoinette, de Jérôme et de Mélanie l'illustrent bien.

Antoinette

Antoinette est une personne résiliente. Après avoir vécu une enfance très malheureuse, elle est arrivée à vivre une vie d'adulte relativement positive.

Née d'une mère célibataire, caractérielle, immature, rejetante, elle a passé plusieurs années en orphelinat avant d'être reprise par sa mère qui s'était entretemps mariée à un homme froid, distant, négatif qui avait accepté d'adopter l'enfant.

Cependant, pour Antoinette, la vie était probablement plus facile en institution où les règles étaient claires et où parfois un membre du personnel lui manifestait de l'affection. L'adolescence de la jeune fille se déroulait relativement bien, car, plus ou moins terrorisée par les éclats violents de sa mère, elle choisit de s'investir dans ses études et dans la pratique de sa religion.

Elle termina ses études et commença sa carrière d'enseignante en mathématiques où elle excelle encore. Par contre, sur le plan amical et dans les relations de couple, Antoinette n'a pas réussi à dépasser les blessures créées en elle par les abandons et rejets multiples vécus dans son enfance. Malgré diverses psychothérapies, elle ne sait construire que des relations fusionnelles dans lesquelles l'autre, qu'il s'agisse d'une amie ou d'un homme qu'elle aime, se sent rapidement pris au piège et coupe la relation avant d'étouffer, ce qui reproduit la situation de rejet tant crainte par Antoinette.

Ainsi, vue de l'extérieur, la vie d'Antoinette est réussie. Elle a un travail stable, elle est une excellente professionnelle, elle est belle, sportive, sociable, cultivée, elle voyage beaucoup.

Mais en réalité, sa vie est difficile ; elle porte en elle la marque des blessures profondes qui ont compliqué son enfance et son adolescence.

Il y a en elle, comme une faille, un vice de construction que rien ni personne n'a pu l'aider à réparer et dont elle souffre.

Jérôme

Jérôme est un ancien légionnaire. Il est marié avec Cécile qui nous a raconté son histoire.

Jérôme est un informaticien très compétent qui s'est formé sur le tas, en autodidacte. Il avait commencé une formation d'électricien dans le Midi de la France avant de s'engager dans la Légion. Jérôme est un enfant de l'Assistance Publique. Il a eu une enfance meurtrie dont il parle très peu. Lorsqu'il a rencontré Cécile, il lui a simplement dit que son passé n'était pas drôle et pas important, qu'il avait aussi souffert à la Légion et qu'il ne voulait rien raconter sur cette partie de sa vie. Cécile a accepté, ils se sont mariés. Jérôme travaille d'arrache-pied pour créer sa petite entreprise qui marche bien. Il est très sociable avec les clients, il est un homme responsable. Il appartient à un club de football où il aime aller s'entraîner.

Après tout ce qu'il a traversé il a pu s'en sortir, créer sa vie, montrer des capacités de résilience certaines.

Pour Cécile, pourtant, tout n'est pas rose. Jérôme ne sait pas manifester de l'empathie, il a tendance à juger, à simplifier. Parfois, alors que tout semble bien se passer en famille et au travail, Jérôme devient taciturne, il se ferme ou manifeste de la colère. Quand Cécile lui demande ce qu'il a, la réponse la plus fréquente est: «Laisse-moi tranquille!»

Alors, elle a appris à patienter et deux ou trois jours plus tard, tout semble rentrer dans l'ordre. Sa femme voudrait beaucoup partager avec lui ces moments difficiles, mais elle a appris à ne pas insister.

Mélanie

Mélanie a eu une enfance heureuse et tout s'est bien passé dans sa vie jusqu'à sa dix-neuvième année qu'elle a passée à Londres pour parfaire la langue anglaise. C'est là, au retour d'une soirée avec des amis, qu'elle a été violée dans un parking souterrain. Elle a eu l'occasion de parler de ce qui s'était passé, le violeur a été arrêté et un procès a eu lieu.

Ce procès a été très difficile car l'avocat du violeur a tenté de mettre une partie de la faute sur Mélanie qui se «promenait» à 2 h. du matin en minijupe dans un parking.

Cette tentative de culpabilisation a été terrible pour elle. C'est comme si ses illusions sur les humains s'envolaient l'une après l'autre.

De retour au pays, Mélanie a suivi une psychothérapie qui l'a aidée un peu.

Elle garde cependant cette crainte des hommes et a des difficultés au niveau des relations intimes avec son ami.

Tout semble être redevenu normal pour elle, mais il reste une peur et un dégoût profond qui se manifeste parfois encore dans des cauchemars.

Les auteurs Steven et Sybil Wolin soulignent dans leur ouvrage que «personne ne peut être fort tout le temps». La résilience est comme une marée qui vient et qui s'en va, tous les survivants de temps difficiles sont vulnérables à certains moments et personne ne sort totalement indemne de son passé.

La vie d'une personne résiliente ressemble à un tissage dans lequel on trouve des fils de détresse aussi bien que de détermination, cependant ces derniers sont les plus nombreux.

La résilience ne garantit pas une vie simple et équilibrée, elle caractérise ceux qui sont capables de surmonter les épreuves qu'ils subissent, de vivre malgré tout une vie utile et épanouie qui respecte un certain nombre de normes éthiques. Une personne résiliente garde, le plus souvent, des traces profondes des blessures subies.

C'est tout particulièrement dans la famille qu'ils créent que les résilients sont confrontés à des difficultés. Ils ont souvent de la peine à identifier leurs émotions, à les nommer, à en parler. La distanciation émotionnelle a été une stratégie de survie pour eux et c'est celle qu'ils choisissent à nouveau pour faire face aux difficultés qu'ils rencontrent dans la famille qu'ils créent.

Steven et Sybil Wolin soulignent cette stratégie dans leur ouvrage: «The Resilient Self»: pour eux, la capacité des enfants résilients de se «désengager», de se tenir séparés des parents et de leurs diverses pathologies est une ressource et une force remarquable.

Certains enfants survivants se décrivent comme «durs» ou «blindés». C'est probablement ce qui, entre autres, leur a permis d'être résilients. Dans des circonstances extrêmes, il s'agit d'un excellent moyen de survie, mais dans la vie quotidienne du couple et de la famille, ce peut être la source de grandes complications. Georges en est un exemple.

Georges

Elevé par un père violent et une mère co-dépendante de ce mari, qui acceptait les coups, pleurait et disait à son mari qu'elle l'aimait tout en lavant les plaies qu'il lui avait faites, Georges a appris très tôt à se distancer émotionnellement de ces scènes de violence. Au début, il pleurait aussi et une fois même, il avait tenté de s'interposer pour protéger sa mère. Mal lui en avait pris car c'est lui qui avait reçu les coups.

Petit à petit, Georges avait appris à se couper de son ressenti, à se réfugier dans sa chambre, puis, à l'adolescence, à quitter l'appartement jusqu'à ce que l'orage soit terminé.

Il s'était juré de ne jamais reproduire ce qu'il avait vécu et d'être tout à fait différent de son père :

A l'âge de 24 ans, Georges a rencontré Evelyne, et ils se sont mariés. Elle aussi avait eu une enfance difficile et ils se comprenaient bien. Cependant, tout changeait lorsqu'il y avait un différend entre eux. Si Evelyne lui faisait une critique, si elle exprimait son mécontentement ou même si elle pleurait parce qu'elle avait du chagrin, Georges coupait toute communication au niveau émotionnel. Il devenait froid et distant au lieu de se montrer attentif et chaleureux, ce qui creusait la distance entre lui et Evelyne.

A plusieurs reprises, cette dernière fut tentée de rompre la relation, mais un enfant était né, un petit Pacôme dont Georges était très fier. Evelyne insistait lorsque les choses allaient mal pour que le couple se rende chez un conseiller conjugal. Hélas, à chaque tentative, Georges répondait qu'il avait vécu beaucoup plus de choses que n'importe quel thérapeute, qu'il s'en était toujours sorti et que ses succès professionnels étaient là pour l'attester.

Lorsque Pacôme eut 9 ans, et suite à une crise particulièrement aiguë dans le couple, Evelyne demanda le divorce. Elle était arrivée aux limites de ses possibilités de résistance. Ce n'était pas qu'elle n'aimait plus Georges, mais la pauvreté de sa vie émotionnelle lui était devenue insupportable. Elle-même suivait une psychothérapie et avait finalement osé choisir ce qui était bon pour elle.

Le père et la mère de Pacôme gardèrent de bons contacts, ils communiquaient amicalement à propos de leur fils, mais Georges s'était blindé encore plus et s'investissait massivement dans sa profession qui était de nature technique, dans laquelle il excellait, et où il était très apprécié par ses collègues et ses supérieurs.

L'histoire de Georges et d'Evelyne est caractéristique de nombreux résilients qui ont dû utiliser certains mécanismes de défense dans les situations particulières dans lesquelles ils évoluaient, mécanismes qui sont incompatibles à moyen terme et à long terme avec une communication harmonieuse dans le couple et la famille.

Ce qui est aussi typique des résilients, c'est leur refus fréquent de se faire accompagner par un psychothérapeute et ceci pour deux raisons :

- Tout d'abord ils voient cet accompagnement comme un signe de faiblesse étant donné les capacités d'initiative et d'autonomie qu'ils ont souvent manifestées.

- Ensuite ils n'ont pas envie de faire face à tous les souvenirs douloureux qui les habitent et qu'ils on su réprimer pour pouvoir survivre.

Les résilients sont différents les uns des autres : certains manifestent intensément certaines caractéristiques et plus faiblement d'autres. Parfois, c'est l'initiative et le contrôle pris sur les situations qu'ils vivent qui domine, alors qu'ils ont de la peine à communiquer avec leurs proches, d'autres fois, la personne communique très bien, manifeste de la compassion mais a peu d'initiatives.

On ne peut en aucun cas dresser un portrait-robot des résilients on peut seulement reconnaître en eux certains comportements spécifiques et considérer leur trajectoire de vie pour y admirer la force du principe de croissance qui est en eux.

Vivre avec un résilient

Notre expérience professionnelle nous a permis de rencontrer d'innombrables clients qui avaient vécu toute leur vie d'adulte avec des résilients, mais pour qui le parcours avait été bien souvent, pénible et périlleux. Pénible, parce que l'être qu'ils aimaient souffrait de blessures qui ne se cicatrisaient pas et que la relation, surtout la relation intime avec eux représentait un défi quotidien. Périlleux, parce que vivre avec un résilient, c'est danser sur un fil avec un funambule. La vulnérabilité émotionnelle de nombre d'entre eux est telle que le moindre mot dit de travers, le moindre regard qui pourrait être interprété comme un rejet peut réactiver des souffrances profondes.

Elaine Childs-Gowell, auteur du livre *Good Grief Rituals* (Station Hill Press, New York, 1992) dont le mari est un résilient met bien en évidence à quel point les traumatismes du passé portés par un conjoint peuvent affecter le couple et la famille, et l'importance de trouver les moyens de faire le deuil de ce qui a été perdu, de ce qui n'a pas pu se vivre, de ce qui a manqué. Elle insiste sur la création de rituels qui contribuent à guérir les blessures profondes que les résilients portent en eux. Pour partager la vie d'une personne résiliente, il faut avoir une capacité d'aimer au-dessus de la moyenne et qui permette une infinie patience, une grande compassion, une compréhension indéfectible et une espérance peu commune.

Ainsi, il sera possible d'accepter les zones d'ombres et les difficultés de la relation, qui sont aussi grandes que la lumière brillante, que les résilients sont capables d'émettre.

Conclusion

Les exemples de vies résilientes sont de plus en plus connus, décrits et analysés. L'image défaitiste collée à ceux qui ont vécu des drames s'élimine peu à peu pour faire place à une espérance réaliste à leur sujet.

Il reste beaucoup à apprendre à propos d'eux et des ressorts incroyables qui leur permettent de faire face à des situations intenables. Ce que l'on connaît le mieux à propos d'eux, c'est l'image publique, extérieure, de leur vie. Des recherches doivent être menées aussi en vue de comprendre comment ils sont capables d'instaurer des relations familiales et parentales de bonne qualité.

Au fil des pages qui précèdent, nous avons vu ce qu'était la résilience, rencontré des personnes résilientes, nous avons vu ce qui pouvait favoriser la résilience, comment elle pouvait se manifester et parfois fluctuer.

Comme une plante vivace, la résilience peut se développer. Elle dépend de nombreux facteurs qui sont souvent réunis dans une conjonction d'événements, de rencontres, qui semblent dépendre de ce qu'on nomme le hasard. A cause de ces rencontres, d'une disposition intérieure et d'événements particuliers, la trajectoire de vie d'un être humain peut être profondément modifiée.

Dans l'histoire d'Anne-Lise racontée au chapitre 5 (Favoriser la résilience chez l'enfant, p. 47), par exemple, rien, à première vue, ne semblait devoir modifier le «destin» de cette fillette. C'est la promotion inattendue d'un instituteur qui amène un nouvel acteur dans la vie d'Anne-Lise, lui permettant de vivre une histoire scolaire tout à fait différente, de créer quelque chose de neuf.

Dans le récit de Tim Guénard, c'est la rencontre fortuite avec un prêtre exceptionnel qui change à jamais son chemin de vie.

Il y a souvent dans les trajectoires de résilience une occasion fugitive et imprévisible, une chance qui peut être saisie mais non déclenchée et que la capacité d'espérer et de vouloir aller de l'avant permet de repérer parmi les épreuves de la vie.

La résilience nous concerne tous

On pourrait écrire une collection de livres sur le concept de la résilience tant il est complexe, tant il touche à des domaines divers et tant il est passionnant.

Dans ce petit ouvrage, nous avons tenté d'en donner quelques éléments essentiels afin de permettre aux lecteurs de se familiariser avec cet art de rebondir.

Nous avons désiré particulièrement rendre les lecteurs attentifs à quelques points importants :

1. L'espérance est toujours possible : personne n'est «cabossé» par la vie au point d'être définitivement écrasé. Au cœur même de drames humains

indicibles, une petite lumière peut brûler qui permet à celui ou celle qui la voit de sortir de l'épreuve.

2. Nous sommes tous responsables de favoriser le développement sain des enfants que nous côtoyons. Que nous soyons parents, grands-parents, oncles et tantes, enseignants, soignants, voisins ou ecclésiastiques, nous pouvons être celui ou celle que l'enfant en difficulté choisit comme appui pour pouvoir croire en lui-même. Pour favoriser ce développement, nous avons à modifier notre regard, à laisser un espace ouvert à l'inattendu, plutôt que de nous bercer de phrases inutiles et inexactes comme «on ne peut pas donner plus d'amour qu'on n'en a reçu».

3. La résilience n'est pas qu'une manière de vivre positive après une enfance blessée, car on peut connaître l'épreuve à tout moment de la vie. Nous pouvons devenir résilients quel que soit notre âge, en améliorant nos aptitudes à communiquer, à prendre la responsabilité de notre vie, en nous débarrassant de nos fausses culpabilités, en clarifiant et en approfondissant nos convictions, en donnant du sens à notre vie et en faisant croître en nous la compassion pour l'autre.

4. Bien comprendre les trajectoires de résilience, c'est aussi savoir qu'elles peuvent fluctuer. Les difficultés de la vie peuvent, à certains moments, faire resurgir des souvenirs pénibles, et les personnes

résilientes, surtout dans leur vieillesse, peuvent avoir besoin d'un soutien accru.

5. Finalement, comprendre la résilience c'est s'émerveiller davantage devant les ressources incroyables de l'être humain, c'est savoir avec certitude que la vie et l'amour peuvent être les plus forts, c'est se souvenir que chacun de nous est responsable d'être et de faire tout ce qu'il peut pour diminuer la souffrance de ce monde.

«Ne demande jamais pour qui sonne le glas, il sonne pour toi!», écrivait le poète John Donne, nous sommes tous en interrelation, personne ne peut être heureux tout seul!

Bibliographie

BAILLY Othilie, *J'ai treize ans, et je vais me tuer*, éd. J'ai lu, Paris 1996

BRIOD Jacques, *Soudain un train*, éd. Autrement, Paris 2001

CARDINAUX Myriam et GROBETY Anne-Lise, *Une petite fille en trop*, éd. d'En-Bas, Lausanne 1995

CASSIDY Sheila, *Audacity to believe*, Collins–Fount Paperbacks, 1977

CHILDS-GOWELL Elaine, *Good Grief Rituals*, Station Hill Press, New-York 1992

CHRISTOPHE Francine, *Une petite fille privilégiée* – éd. L'Harmattan, Paris 1996

CYRULNIK Boris, *Un merveilleux malheur*, éd. Odile Jacob, Paris 1999

—.—, *Les vilains petits canards*, éd. Odile Jacob, Paris 2001

GRAY Martin, *Vivre debout*, éd. Robert Laffont, 1993

GUENARD Tim, *Plus fort que la haine*, éd. J'ai lu, Paris 1999

HEIMO Marie-Thérèse, *Marité, sors de table, va dehors !*, éd. La Sarine, Fribourg 2001

IMENA Myriam, *Ma vie sur un fil*, éd. Saint-Augustin, St-Maurice 2001

SEGAL Julius, *Winning Life's toughest Battles – Roots of human Resilience*, Mc Graw Hill, New-York, 1986

STRAUSS Pierre et MANCIAUX Michel, *L'enfant maltraité*, éd. Fleurus-Psychopédagogie, Paris 1993

VANISTENDAEL Stefan et LECOMTE Jacques – *Le bonheur est toujours possible*, éd. Bayard, Paris 2000

WOLIN Steven et WOLIN Sybil, *The Resiliient Self*, Villard, New-York 1993

Collection
« Pratiques » Jouvence

■ **L'estime de soi**
**Rosette Poletti
et Barbara Dobs**

■ **Lacher prise**
**Rosette Poletti
et Barbara Dobs**

■ **Plus jamais victime**
Pierre Pradervand

Chaque volume, 96 pages, 4,90 € / 9 CHF

Envie de bien-être ?
www.editions-jouvence.com
Le bon réflexe pour :

Être en prise directe :
- avec nos **nouveautés** (plus de 45 par année),
- avec nos **auteurs** : Jouvence attache beaucoup d'importance à la personnalité et à la qualité de ses auteurs,
- tout notre **catalogue**… plus de 300 titres disponibles,
- avec **les éditions Jouvence** : en nous écrivant et en dialoguant avec nous. Nous y répondrons personnellement !

Le site web de la découverte !

Achevé d'imprimer sur rotative par l'Imprimerie Darantiere à Dijon-Quetigny en juin 2006 – Dépôt légal : octobre 2001 – N° d'impression : 26-1102

Imprimé en France